杨飞云

情在画中 YANG FEI YUN

卓 越 之 路

李放 著

图书在版编目（CIP）数据

情在画中·杨飞云 / 李放著. -- 天津 ：天津杨柳青画社，2013.1
(卓越之路)
ISBN 978-7-5547-0022-8

Ⅰ. ①情… Ⅱ. ①李… Ⅲ. ①杨飞云－生平事迹 Ⅳ. ① K825.72

中国版本图书馆 CIP 数据核字 (2012) 第 309744 号

出 版 人：刘建超
地　　址：天津市河西区佟楼三合里 111 号
邮政编码：300074
编 辑 部：(022) 28379182
市 场 部：(022) 28376828　28374517
　　　　　28376928　28376998
传　　真：(022) 28376968
邮 购 部：(022) 28350624
网　　址：www.ylqbook.com
制　　版：北京精制轩彩色制版有限公司
印　　刷：天津海顺印业包装有限公司
开　　本：1/16　889mm × 1194mm
印　　张：9.5
版　　次：2013 年 1 月第 1 版
印　　次：2013 年 1 月第 1 印
印　　数：1 —3000 册
书　　号：ISBN 978-7-5547-0022-8
定　　价：59 元

目录

北方姑娘 / 布面油画 / 80CM X 70CM / 1987 年

1987年9月

序

很高兴这本《情在画中》即将与读者朋友们见面了。该书是杨飞云先生的一本评传。杨飞云是当代最具影响的油画家之一。他数十年如一日，坚持“向大师学习”，坚持“寻源问道”的精神感染着千千万万的艺术爱好者。欣赏他的作品，清新自然的画风就会扑面而来。而这种画风完全源自于他对这片土地的深深地热爱。

杨飞云给人第一印象就是待人诚恳，勤奋自勉，颇有长者之风。一天晚上，我去中国油画院李贵君画室聊天，时间不知不觉地过了三四个小时，当我们走出画室的时候，已经是将近半夜12点，但对面杨飞云画室依旧灯火通明。李贵君告诉我，杨老师几乎每天都这样，在油画院里最后一个关灯休息。我对李贵君说：“让世界上几乎最懒惰的一个人去写世界上几乎最勤奋的一个人，这本身就是巨大的挑战。”李贵君听我这么一说，哈哈大笑。的确，我是一个沉溺书海，不想自拔的人，非常懒得动笔写作。而杨飞云是全国人大代表、中国艺术研究院中国油画院院长，中国写实画派的领导者之一，行政事物非常繁忙。但他总是挤出点点滴滴的时间进行创作，佳作频出。每一次见到杨飞云，我都感觉他犹如一面镜子一样照见我的懒惰和不思进取。而这本书也几乎是在他勤勉精神的感召下写成的，是对其艺术人生的真实记录和深入评述。

读罢该书，你可能会感觉比以往大家熟知的杨飞云的形象更加丰富和立体。其实，我无意颠覆以往大众传媒体树立起的杨飞云的形象和对其艺术特色的评述，我只是想写出自己认识和了解的杨飞云。走进他的生活，你会发现他是一个风趣、幽默、放松的人；他是一个对美全力以赴追求的人；他是一个在爱与光辉的大海上航行的人；他是一个在艺术上非常勇敢甚至固执的人。勇于回到源头，走近原点，勇于开拓一个个新的创作领域，勇于为写实艺术大声疾呼……，而我所了解到的杨飞云远远没有穷尽他的艺术人生，要对他进行更深刻地了解，还需要更多的时间和更多的作者。

这是我在私人图书馆里写就的第一本书。2010年，我私人图书馆建成，我为之起名太白图书馆。坐拥数万卷藏书，喝着陈年普洱，与杨飞云先生一起“在爱与光辉的大海上航行”，那感觉非常惬意。我愿读者朋友们能够和我一起分享这份惬意。

这本书的写作和编辑，得到了杨飞云先生的夫人芃芃和其博士研究生常磊先生的巨大帮助。同时，杨飞云先生的学生，著名画家石良、李贵君、朱春林也对该书予以了鼎力支持，在此，深致谢忱。

在本书即将付梓之际，衷心感谢天津杨柳青画社为出版本书付出的辛勤劳动。

一、路漫漫兮其修远，吾将上下而求索

题记：阿依阔勒是沙漠中的一个湖，神秘而遥远，像是一个传说。电影《寻找阿依阔勒》是近些年来，我看过的唯一为之落泪的国产电影。影片大部分都在沙漠里取景，一个男人、一个女人、两只骆驼，成就了一个故事。女主角薛静月和一个维吾尔族导游在竭尽了全部心力体力之后，终于找到了它——阿依阔勒！那生命绝境中一池湖水的湛蓝。人生的意义就在于寻找，就在于寻找者到底要寻找到什么？人生就是一次光荣的冒险，艺术家的冒险更被赋予了美学上的意义。

油画家杨飞云的父亲毕业于师范学校，多才多艺，在学校里同时教语文、音乐，美术三门课，而且对美术尤为偏爱，觉得画画是最好的享受。他的父亲还经常给学校里出板报，画宣传画，有时候还给爷爷、太爷爷画像，画完之后就把画像挂起来。当杨飞云和小伙伴们在家里玩的时候，父亲在一角画速写。就这样，天生喜欢画画的杨飞云小时候受了父亲很深的影响。

母亲对杨飞云的影响似乎更大："妈妈是个心灵手巧的人，在乡下她是剪窗花的高手。过年的时候，邻居们都拿各种各样的彩纸请她给剪窗花，她不用打稿子，就能剪出各种各样的花样来。妈妈一共生了我们兄弟姐妹五个，我们小时候的玩具都是妈妈亲手做的，什么孙悟空、猪八戒、唐僧，什么刘关张桃园三结义，妈妈真是会施魔法，这些小人在她手里一个个变得栩栩如生，跟小人书上的没什么区别。妈妈又是裁缝，经她剪裁的衣服不但合体，而且美观大方。我们都爱穿妈妈做的衣服，十里八村的人也都喜欢妈妈的手艺，经常会找上门来。那个年代，爸爸当老师才挣36块钱，养家糊口几乎全靠妈妈的一双巧手。所以我衷心感谢父母，他们不但生我养我，而且还给了我最早的艺术启蒙，只要一看到我画出好画，他们就会马上把画挂在墙上。上小学的时候，我就开始负责学校的黑板报，一笔一画画得极为认真，生怕画不好，被老师和同学们笑话。上中学的时候，我就开始画英雄和领袖，一边画一边感慨，而且生怕自己画得不像，辱没英雄和领袖。"

寻找"阿依阔勒"的过程中，可能会有收获的喜悦，但更多的是苦涩的磨练。

杨飞云从小在农村长大，家乡的一草一木、一砖一瓦都会让他从心底涌起温情。想起儿时的时光，想起爷爷和姥爷对他的关爱、管教甚至训斥都觉得特别温馨。因此，在中央美院搞毕业创作时，他毫不犹豫地选择画农民。为收集素材，杨飞云去了陕北，从山西太原到壶口过黄河，然后坐公共汽车到了绥德、米脂、嘉县等几处最具陕北风貌的地方。他画了许多老人的速写，在阳光下、山坡上、市场里……应有尽有，他还画过一堆老人傍晚在场院聊天的场景。

就这样在陕北一画就是三个月，当时他很激动，白天出去画写生，晚上回来写创作体会，每天过得很充实。把创作体会寄到系里，先生们对杨飞云非常鼓励。他在当地也画了很多的构图稿子，收土豆、在场院干活、放羊打草，他的热情非常高。等回到北京，杨飞云就去做了一个两米左右的大框子，当他很有信心地想把自己收集、整理的素材转移到画布上的时候，就发现自己遇到问题了。平日他从来没有画过这样的画，等到搞毕业创作了，忽然想起要画这样一张画，没有构思、构图、经营，真不知从何下手。硬着头皮开始画的时候，他一会儿想画成伦勃朗的效果，一会儿想画成米勒的效果。想得很高很多，却怎么也不可能做到。大学四年，杨飞云基本上都是在市内写生，在艺术上的积累和农村的这段生活没有关系，现在一下要画外光，而且还是这样复杂的场面，他心里真是一点儿底都没有。

要画的没画好，后来又临时画了一张。画的是内蒙古布里亚特的傍晚，两个女孩子坐在草车上。这张画很容易就画出来了，因为杨飞云对内蒙古草原的风景深有体会，当时同学们就说："老杨画出了一张好画。"杨飞云自己也觉得还不错。

这期间还有一个收获，对杨飞云日后创作影响非常大。当时去陕北写生的时候，杨飞云给米脂文化馆一位年轻音乐教员画过一张肖像。他是被那女孩的气质所打动了，自发地画了这样一张像。那是一个很纯净的北方女孩，有农村人的质朴，却又带着点城里人的书卷气。她的皮肤有点黑里透红，穿着一身黑衣服，更衬托出女孩的朝气。当时杨飞云画得很激动，他自己也觉得和平日在课堂里面的作业不一样。记得他还很得意地跟同学夸口："如果给我最好的模特儿又不计较作画时间的话，我也能画出很好的画。"他到了绥德又画了一张类似的肖像。画的也是一个乡村女教师，画面上她扎着小辫，穿着一件不太入时的白毛衣，坐在农家的小板凳上，两眼望着天，像在想什么问题。女孩眼神中有一种神秘感，很有活力。杨飞云投入了真情实感，画得也很顺。通过反复品味成功与失败的滋味，杨飞云体悟到如果创作的对象离自己很远，只是在做概念的话，那永远无法令人感动。艺术创作其实是一件非常冒险的事情，随时都要做好失败的准备。

杨飞云认为，从事艺术创作还必须解决一个心态问题，希望自己不经劳苦而快速出名，成功的可能性微乎其微。他想劝诫那些抱着试一试的幻想的人，如果不曾在创作上努力、花心思，就算得到了一些浮名薄利，那也是人格分裂，其实自己很痛苦，更何况从概率上说，这样的事多数也难以长久。

从上世纪80年代初期到中期，据杨飞云回忆，他的研究重点主要是文艺复兴早期和十五十六世纪北欧画家的作品风格。那个时候，杨飞云对造型更为敏感，对细节更加注重，但绝对不是对细节的死抠，而是着重表达内心世界的精神性，以期创造形神兼备和充满理想抒情意味的艺术形象。《小演员》（1984）、《侧面》（1985）、《抱玩具的姑娘》（1986）和《北方姑娘》（1988）是这一时期杨飞云的代表作。从这些人物肖像中，杨飞云的个人油画风格渐渐浮出水面：即人物神态内敛、含蓄，动作幅度极小，在整体上显得简练，于精微处见大义。

1987年，杨飞云在上海初露锋芒，他的作品《北方姑娘》在全国第一届油画展上获优等奖。

1989年中国美术馆举办《油画人体艺术大展》中，围绕两位模特展开的一系列事件更让杨飞云受到广泛的关注。那次大展前期，主办人将靳尚谊、杨飞云等人的五幅作品从展厅摘下，其中杨飞云的作品是《十九岁》。原因是画中的模特起诉大展的主办人，理由是展览和画册侵犯了她们的肖像权和隐私权。大展一方面让杨飞云官司缠身，另一方面却创造了较高的参观人数，观展线上的拦绳甚至多次被扯断。

有一颗仰望艺术的心，才能有一个高的起点。杨飞云渴望以自己一颗仰望的心、真切的心，去礼赞存在于万物生命中的美质。这种美质对于杨飞云来讲，就是心中的“阿依阔勒”。虽然有了人体艺术大展的遭遇，但丝毫没有影响杨飞云对高尚、纯洁、包罗万象的美的追求。

曾经有这样一位画家，他的室内似乎只有一张木床、一把旧椅，面积小得连身都很难以转开，更别说画画了，于是大自然就成了他的画室。他在给弟弟的一封信中说：“我相信总有一天，我能在一个咖啡馆里办画展。” 当同时代的画家在画室里画着悦人眼目的模特，享受着出入名利场的满足时，他在农田里、在烈日下、在屋之一隅画着他那把陈旧破损的椅子和沾满泥土的鞋子。没有金钱的利诱，没有家庭的缠累，他孤独寂寞，却过着洁白无瑕的生活。他就是荷兰伟大的画家——凡高。他的真诚曾打动了房东的女儿阿德丽娜，她三次无偿地给他做模特儿。她在回忆中说：“文森特先生一大早就出去，只在中午回来吃一餐饭，十分简单，决不点菜……”这是怎样一个伟大的灵魂，他是快乐的，任何人没有资格去可怜他，他不画画活不了。杨飞云对凡高推崇倍至。他告诉我：“有的人也想去学凡高那几笔，但如果根本没有他那种精神力度、人格品质以及强大的绘画热情，学什么呢？ ”

杨飞云认为，作为画家，绘画本身的学问不能放过，要用一生的时间钻研。虽然你可能觉得理解了很多绘画本身的学问，但是你要真正掌握它，就是两回事了。

杨飞云一直强调，画家一定要有自己的个性，不管是哪一种，柔和平静抑或激烈澎湃。其实才能和个性从某种角度讲不是由自己掌握的，而是由天定的，或者说是与生俱来的。但是绘画本身的元素，是你必须掌握的。你要想画好画都得过这个关，都得对绘画本身的元素达到应用自如。要想成为一个优秀画家，一是有天赋，二是要勤奋。三是要有恒心，要把整个一生都献给艺术。杨飞云为此还打了一个比方：“就好像我来到人世这一辈子，就把自己钟爱的艺术一直挖掘到死。如果没有好的老师，看不到好的作品，没有经过勤学苦练，要想成为一个优秀画家简直是天方夜谭。”

杨飞云坦率地承认，年轻时候抵抗成名是很困难的，有名有利后，自己的内心不可能不变化：“画家是最敏感的，表象的东西会影响到我。但是，我不觉得金钱比我的理想和热爱的绘画更重要。只有画画的时候，我才觉得我的生命是有价值的。”在这个躁动的时代，名利似乎能代表一切，但对杨飞云而言，不画画根本就活不下去。任何只在概念上下功夫而不能令观众内心深处有所触动的作品都将行之不远。艺术家要不断审视自己的内心，审视自己的灵魂，使自己的艺术向更高更远处升华，而那更高更远处就是杨飞云心中的“阿依阔勒”。

我们应该明白，如果想创新，那么更得去研究传统。不回顾过去，也不可能面对未来。如果某些人已经到了怕被时代淘汰的地步，那是他自己心虚，根底太浅。这里面私虑的成分太重，也不是一个纯粹的学术上的问题。

谈到创新，杨飞云认为它其实是一种自然的生命流露。从历史上看，求变、求新是人的本能，也是一种生命的原动力。你只要是用心地画画，就是在一种创造的状态里。就算纯粹模仿，这种模仿也是要经过大脑，用心、眼、手来完成。当你把一个真实的世界通过自己的审美体验转移到画面里，它和真实的世界便有了差别。提炼、取舍的过程就是一种创造性思维发挥的过程。创造其实是一种探索、发现、营造的过程，决不是空穴来风、捕风捉影、无中生有。

研究杨飞云从八十年代至今在绘画语言上的变化，我发现他没有出现发力不够或用力过猛的问题。他在语言上的变化脉络清楚、清晰可寻。这就需要画家心思缜密，做事有条不紊，既有宏观的想法又有微观的手段。

如何经营画面？如何传达情绪？是每一位画家都要面对的问题。这也涉及绘画的一个核心问题，即如何协调语言与节奏的关系问题。一些画家有很好的语言，绘画技术很高超，但画面就是缺乏节奏感和韵律感。而有些画家正好相反：有很好的节奏感和韵律感，但语言贫瘠，绘画技术粗糙，这样的画家也不会行之久远。我一直以为，无论是使用怎样的绘画形式，杰出的画家一定是语言与节奏都过关的人。

人生极其短暂，有精力、有能力去做事也就那么多光阴，何不集中起来去做一两件像样的

妹妹 / 素描

事。一生摇来摆去，什么都去尝试，什么也都上不了台阶，从某种意义上讲，成功是没有捷径的。只有勇敢地向着自己心中的“阿依阔勒”前进，才有可能取得成功。

“大千世界，物随其类”。杨飞云面对我的采访，襟怀坦白：“过去我不太认可和我不一样的创作方式，现在随着年纪的增长，我慢慢学会了去欣赏别人。有些画家的作品，可能也有这样那样的问题，但它们都有一个自身的价值。我也曾跟学生讲，如果这个世界只有达芬奇、伦勃朗，那其实是很可怜的。大家的风格都不一样，才使得艺术世界丰富多彩，变化万千。一家之言、一派之风会让人感到索然无味。这也符合万事万物互相效力、相互荣耀的真理。我理解这个不同的点，其实就是每一个艺术家所流露的个性。但同时我亦认为个性的流露和创造性的发挥是藏在一个必然性里面，它受到相当的规律性约束，来不得半点虚假。”

黑格尔认为：“除了天才和才能外，艺术创作还有一个重要的方面，即艺术外表的工作。因为艺术作品有一个纯天然是技巧的方面，很接近手工业，而技巧还要依赖于外在的材料才能得到体现。”我们谈学习方法，谈认识体会，归根到底，画家追求的画面效果要通过一定的技术手段来实现。

杨飞云告诉我，他不是泛技术论者，但落实到教学上，他认为无外乎两个方面的准备：一是对材料、工具的认识与研究，二是绘画的基本因素的训练及应用能力。

受内心的动力驱使，觉得画了这么久的油画却对油画的特性不清楚，于是也跟自己较上了劲。

杨飞云回忆：“材料工具是审美表现中不可缺少的中介和桥梁。1986年我从欧洲回来以后，最直接的想法就是在材料和制作步骤上做一些研究改进。以前一直是直接画法，在国内的时候受条件限制也没法对其进行关注。到了西方，特别是看了卢浮宫里那些大师的经典作品，才知道一张好画，单纯从技术上来要求也是很严格的。当时在国内，大家好像也都意识到了这个问题。中央美院从巴黎美院请了一位名叫宾卡斯的专门研究材料的教授来办了一个班，学时40天，我也报了名跟着学。他讲油画材料、坦培拉技法、媒介、丙烯、腊彩、如何做底子，还讲画画过程中如何使用油等。随后，鲁迅美术学院又从法国请了一个专门研究透明古典油画材料的画家伊维尔办了一个材料班，我也跑去跟着学了。这两个班结束以后，我学着做了各种各样的材料试验，还买了打蛋机去研究坦培拉技法，也去尝试做各种材质的画底，尝试在绘画过程中使用各种不同的颜料。记得当时有一个朋友看了我的画觉得需要慢干的油，还专门从新加坡给我带了一瓶叫‘丁香油’的材料。他说只要在调色油里滴上一两滴，画就一两周不会干，可以一直深入画下去，我马上就照着试了，心里很感激他。认真彻底地研究了一段时间后，我就有了一点体会，那就是任何一种材料去应用的时候，一定要按照它的特性去使用。如果逆着它的性子去做，非但达不到效果，反而还会被材料耍弄。当时自己试验蛋彩，那些没有按程序画的画，后来都长了毛，有些画很快就变黑了。”

一个人的技术准备得越充分，其艺术才可能越有表现力，虽不能随心所欲，也必须达到没有障碍才行，这是一个不争的事实。有的学生受一些思潮的影响在学习上不从根基入手，有的老师怕别人说自己太重技术，在学生面前该强调的不去强调，这只会助长一种不务实的学风。看古今中外，没有一个有成就的大师忽视表现手段的研究。

达芬奇为了搞清楚材料构成，他去研究化学；为了弄明白形体构造，他去解剖人体。中国唐代创造了“吴家样”的画圣吴道子，研究材料技术到了无以复加的程度，甚至写了《手诀》授其弟子，要求一招一式都要如他一样。虽然有点过分，但张彦远还是赞誉吴道子“唯观吴道玄之迹，可谓六法俱全、万象必尽、神人假手、穷极造化也”。

老人 / 素描

对西方美术史有所了解的人都知道，希腊人如果没有对数学和几何学为基础的科学研究，希腊艺术就难以成就其静穆之美；而没有透视学、色彩学在中世纪欧洲的建立，也无法实现文艺复兴艺术的恢弘伟大。杨飞云对油画技术高度重视，对此他颇有心得：要想在绘画艺术上有所作为，就不要轻视技术。一个画家，掌握了材料、驾驭了技巧，才算完成了基本的求艺准备，也才有可能直抒胸臆，到达心中的理想之境，去自由地表现，否则只能是孩童般的涂鸦而已。

在绘画的过程中，语言的繁和简是几乎所有画家都要面临的问题，杨飞云自然也不例外。他经常会为如何简而绞尽脑汁，也常常为如何繁而反复推敲。其实杨飞云对绘画语言问题有着深厚和浓郁的兴趣，他的油画语言有着现实的影子，但更充满理想主义色彩。他是一个驾驭整体和掌控节奏的高手。因此，在他很多作品中我们都能看到他综合各方面要素的能力。

艺术评论家邓平祥认为：“杨飞云具有非常强的造型展开能力和描绘能力，他像一个交响乐的指挥一样出色地将作品的基本旋律进行充分地展开、呈现、深入和丰富，并将它推入艺术

女人体 / 素描

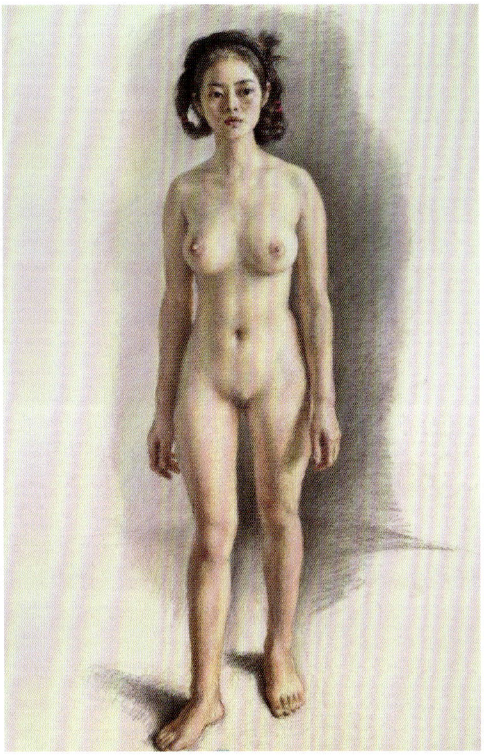
女人体 / 粉笔画

表达的高潮。杨飞云十分重视作品的制作过程和操作过程，整日苦心于把握和表达这种冲动，全部生活似乎缠绕其中，画大一点，还是小一点；用笔刷上去，还是摆上去；色彩强一点，还是弱一点；造型方一些，还是圆一些……”可能正是这些五颜六色、方方圆圆构成了杨飞云的日常生活。这样的日子，让杨飞云情绪饱满、精力充沛。一个成功的男人对自己的生活一定要有所掌控。杨飞云正是这样的人。几乎生命中的每一天，他面对画布都指挥若定、从容不迫。这从他的作品中完全可以看得出来，一个心绪烦躁的人是创作不出那么精深优美、理想大气的图画的。

杨飞云在日记中曾写道：“一个艺术家的成熟需要技巧、修养、文化、精神和情感的准备，如果在哪一方面欠缺太多都不能修成正果。”描绘对象内在美和外在美的和谐统一，一直是杨飞云孜孜以求的目标。越是深入了解杨飞云，越觉得他是一位忘我追求艺术美的真谛的画家，他心中真的永远有自己的“阿依阔勒”。

白石老人有一句话：“绘画乃寂寞之道。”一个真正杰出的画家，他要不断地面对自己的内心，拷问自己的灵魂，要审视自己的技艺，甚至要在不断否定自我中寻找前进的方向。

绘画，是世界上最具有独立性的职业，她不但能调动你的全部身心乃至于整个神经，而且将你的兴趣浓浓地捆缚在她那神秘魅力之中，使你永远为之迸发出炽烈的热情。正是绘画才让自己的生命有价值，有意义。

在大海中寻找彼岸的航程，时而浓雾弥漫，时而扑朔迷离，时而若隐似现，时而渐行渐远。虽然航程中无比孤独，但画家只要能看到海平面上浮现的一缕阳光，内心深处依旧充满憧憬。正因为有面对无边艺海的这种大孤独感，有对艺术真谛无尽探索的冲动，杨飞云的作品才始终没有流于样式或风格主义。因为杨飞云始终在面对自然的诱惑和挑战，始终面临着对人性的解读和剖析。故而他的每一张作品对他来说都是考验，都是难关，他必须全力以赴，却胜负未卜。

杨飞云告诉我，他年轻的时候也特别担心自己的画没有个性，没有风格，但现在想起来会觉得有些可笑，其实，所谓个性就像是一个人的长相，它是属于你个人所有的东西。你和他人有可能貌似，但决不会长得一模一样，所以你也不必去努力使自己长得和别人不一样。杨飞云的博士生，著名油画家常磊认为：“不可否认，杨飞云的绘画风格是非常明显的，与风格主义的不同就在于他的风格是自然积淀升华出来的，不是为了标识与他人之差异而强行树立的。杨飞云始终没有去追求所谓的风格，他的艺术风格是在探究心灵与自然的关系过程中建立起来的，他的变化持续稳定，有章可循。

杨飞云的作品总让人看到实实在在的内容和含蓄内敛的美。他选模特并不都很漂亮，他的人物画更多是在挖掘对象本身的精神气质，将对象从某一特定环境中抽离出来，不过分强调情节性，然后以其独特的视角和艺术驾驭能力将其升华，画家自身的情感深度、心灵品质亦通过肖像反映出来。

亚里斯多德在《诗学》里说：“向优秀的肖像画家学习，他们画出一个人的特殊面貌，求其相似而又比一个人更美。”我一直认为人是善和恶的一个综合体，一个优秀的肖像画家能够发掘出人性中美好、纯洁、善良的一面，从而在其艺术作品里赋予对象一个“理想化”的人格。它不仅仅需要画家的技巧准备、学养的准备、道德的操练，还需要有一双能透过现象看到本质的纯洁明亮的眼睛。而杨飞云正是一个做好准备的画家。杨飞云相信一个行为猥琐、品质不良的人是画不好一张圣母像的。美学上构成的艺术形象却不仅仅是照相机镜头的真实性，它还具有情感性、概括性、典型性和审美性。画中的每一步骤，甚至每一个笔触都通过画家主动的心理体验和整体把握，而将其停在一个合适的精妙维度上。

据杨飞云回忆："1989年到美国办展览，其间给一个美国朋友画了一幅肖像，他很喜欢，加上美国有请画家画肖像的传统，于是他又给我介绍了好几个人。我画得很顺手，外国人五官特征鲜明、皮肤白皙，发色金黄，色彩很好看，画面效果很容易出来。但是新鲜感一过，我总觉得我画的是一个陌生人，晚上收了笔，第二天冷眼一看自己画的画，觉得很诧异，这是我画的吗？最有意思的是，当时画的一些肖像，我拍了照片带回国，过了段时间收拾房间时发现了这些照片，竟想不起到底画的是谁？我常想，一个画家情感投入最深、面对对象最激动之时，也应是其理性和智慧最高之时，因为必须将激动的情感转变成色彩和造型，表达得有质量，画面才具有生命力。"

关于人体油画，杨飞云也曾想，一个人穿上衣服以后，实际上是制造了一种指向性，给人一种假象。而当一个人脱去衣服，还原成造物的本来面目时，画家其实面对的是这个人最本质、最完美的肖像。如果赞美造化，这应该是最直接的方式。如同我们想去表现一座山，却给山穿上了一件"衣服"，只去表现露出的树和石头，这有点可笑。平时在摆模特的时候，如果让一个女孩穿上内衣、内裤，人的心里马上会出现一种情结，模特会给人一种暗示，内衣的遮挡反而让人产生了不健康心理。但艺术既然是通向真理的一把钥匙，艺术家可以去赞美这无与伦比的创造。所以历史上有罗丹做的雨果的雕像、米开朗基罗手下的大卫、波里切利的维纳斯、马约尔的《河》里的少女等人体艺术杰作。

"向大师学习"这是当时中央美院一画室的同学们喊出的口号，杨飞云践行了三十年，而且三十年如一日，对欧洲古典油画流连忘返。达芬奇、米开朗基罗、伦勃朗、丢勒、荷尔拜因等大师的造型深度和表现力让他叹为观止。从内心深处认识到学习油画就应该研究古典油画的高技巧，而这恰是解决中国油画在造型薄弱问题的关键所在。目标明确后，杨飞云就开始如饥似渴地从油画语言的"本源"上和油画内涵的"本质"上吸收西方油画精华。

形式永远是为内容服务的。杨飞云在掌握西方油画高超技法之后，还是要洋为中用，表达真正的东方语境、中国品质。

1987年全国各地有一大批画画的人到东北去学法国画家伊维尔的"神膏"画法。这也反映了当时人们的一种心情，许多人还没有认识到画画除了材料之外还有更重要的元素，或者说即使有认识也还比较肤浅。要不然，大家也不会将之称为"神膏"。

朝阳 / 布面油画 / 2007 年

对此，杨飞云深有感触："如果是学某几个大师的画面效果，就算穷其一生，也只能得些皮毛。我觉得这里面没有什么秘密，因为一个人艺术上的高度最终取决于他的心灵品质、理解能力和认识水平。至于用什么样的油还是用什么样的膏，用大笔触还是小笔触，用这种还是那种手法处理画面都没关系，它仅仅是件工具。如果适合你，你可以使用，如果不适合你，你就可以不采

传神（局部） / 布面油画 / 55CM X 38CM / 2003 年

纳。就像伊维尔的“神膏”对某些人或许很有用，但如果拿去给凡高、马蒂斯，他们肯定将其扔到一边，因为对他们来说，‘神膏’一点都不神，什么也不是。”

回顾杨飞云的创作历程，无论早年作品的细腻沉静和近期作品的浑朴凝练，其实都是对自然的礼赞和对人性之美的讴歌。杨飞云以写生的方式在进行创作，在他看来，艺术的一切生机皆出于和自然的交流。他不只是在塑造人物的形象，更是在塑造人物的灵魂。他以自己身边最熟悉最亲近的人为对象，提炼、概括他们生命中的美质，展现他们的美好情怀。这些人物无需仰视，也不是可望不可及。观众觉得这些形象既陌生又熟悉，甚至自己身边就有这样的人物。只是杨飞云用画布为这样的人物赋予了生命。

以往人们对写实绘画的认识就是画得像，画得美，而杨飞云认为，“写实”的概念既有风格意义，也有人文意义。所谓“写”者，并非抄写，乃是“抒写”。杨飞云高度重视写实油画的抒情性，甚至把它提高到一个最重要的高度。而“实”又使他的抒情性有了客观对象。杨飞云认为，“实”者所指向的则是现实的存在，被写之自然。但“实”通过与“写”的关联，其意义产生了微妙的变化，并被赋予了主观的人文意义，不仅仅是存在之“实”，更是被写之“实”，是假自然抒写自我之意气。

杰出的艺术作品之所以能够长存，就因为她在不断昭示我们：我们是谁？我们应该面对什么？我们心在何处？我们路向何方？文艺复兴时期，无数优秀的艺术家从人身上发现了神性的光辉，最大限度地挖掘和赞美了人身上的荣光之美。

“形而上谓之道，形而下谓之器。”写实油画是真正的形而上绘画，是正知正觉，是大道艺术。在柏拉图看来，美的东西是个别的，是自然现象。而“美本身”则是永恒的理念，它是绝对的本质。中世纪的哲学家、神学家奥古斯丁从基督教神学的立场来解释美，柏拉图所说的“美本身”是至上绝伦的美，是美的源泉所在。连疯狂如尼采者都说：“最高贵的美是这样一种美，它并非一下子把人吸引住，不做暴烈的醉人的进攻，这种美容易引起反感。相反，它是那种渐渐渗透的美，人几乎不知不觉被它带走，一度在梦中与它重逢，可是在它悄悄久留我们心中之后，它就完全占有了我们，使我们的眼睛饱含泪水，使我们的心灵充满憧憬。”这个宣称上帝死了，自己是太阳的大哲学家居然对高贵美有这么清醒的认识。杨飞云所追求的正是这种高贵美。

杨飞云告诉笔者，在有着深厚绘画传统的欧洲，艺术家因观念所迫逐渐放弃了历史积淀的传统。油画传统在西方学院里几近绝迹，只有少量业余爱好者残存于民间。相对来说，中国艺术家偏居东方一隅，在现代艺术的鼎盛时期没有受到太大的冲击，因此西方的传统写实艺术在中国才得以保留和延续。

油画步入中国的精确时间很难考证，但油画在离开了孕育它的文化类型之后，转而融于东方文化之中，其面貌也因此而改变。中国油画随着风云涌动的世界潮流颠簸了一百年后，行至当代，它已经强大到堪与中国本土绘画分庭抗礼，步入一种在更加精微境界中的求索。写实油画对中国文化有重要的意义。

记得在2005年采访杨飞云时，他就非常坦白地告诉我，他不喜欢衰老和丑陋，只有充满生机和朝气的物象才使他兴趣盎然，他要在画布上展现的也是这样的物象。纵观杨飞云2006年前的创作，以表现女性的知性和柔美为主线，画风静谧、温馨、抒情。而2006年以后，他的画面变得阳刚起来，充满了内在的张力和对灵魂深处的审视。

石良是杨飞云的学生，也是著名的写实画家。他那情节生动、又笔调丰富的创作令我激赏不已，于是我采访了他。以我对杨飞云的了解，他是一个生活上特别容易满足，而在艺术上永不满足的人。我对石良的采访似乎也印证了这一点。

时代对每一个艺术家既仁慈，又吝啬。石良告诉我："你看每一代人，不管怎么努力，怎么有才华，其实都很难超越他那一代人的局限，每一代人都是这样的，很难有跨越时代的人。

石良觉得杨老师身上一直有一种激情，非常明确自己艺术追求的方向，而且总能适时找到创作上还有待于提升的空间。通常不少已成名的艺术家到一定年龄就开始回避一些问题了，常常按照已经积累的方式创作作品，这样做的话既没有风险，同时对自己也不过于残酷。石良告诉我："杨飞云不一样，他有勇气打破和超越自己固有的体系，甚至是一些已经被舆论界、美术界认可和推崇的风格。这对于一个功成名就的艺术家而言其实是非常艰难的一件事情。这就像一棵树一样，已经长得很好看了，可是要想再获得新生，使它的形态再发生根本性的变化，要是不去掉一些枝条，那是不可能的。一般人下不去这个手，对自己的艺术更下不去这个手。而杨老师却能做到，这点我钦佩他。这两三年，我觉得他一直在思考一个东西，从一般感官和艺术层面，他试图在做一些超越，在艺术深层或者人性深层上做一些探索。"

石良告诉我，杨飞云的画架前总放一些铁蚕豆，石良有时候看他吃，也想拿一个试试，但根本咬不动，在水里泡了十几分钟，想再咬都咬不动。而杨飞云一口一粒吃得特香。牙齿如此尖利，咀嚼能力这么好，证明这个人生命力和创造力非常旺盛。

杨飞云是公认的中国油画古典风格的代表，充满了恬静和知性美，在技术与油画语言层面上令人信服。但近些年来，杨飞云画面的气息上有了一些变化。这些也被杨飞云学生石良看在眼里："杨老师这些年来一直没有停止探索，画面同以往相比显得更苍劲有力，我觉得这跟他的人生经历，包括年龄的增长和艺术视野的拓宽等有直接关系，他一直还保持着一种变革的锐气，对自己要求近乎苛刻。

我一直以为，杨飞云的艺术有待再认识、再发现。以往评论家大都认为他的画里有一种温柔细致、理想宁静的抒情基调。但我个人认为杨飞云的艺术是刚柔相济的，近些年越发体现出这样的特点。老子云："万物负阴而抱阳，冲气以为和。" 杨飞云在表现女子的阴柔之美上很有手

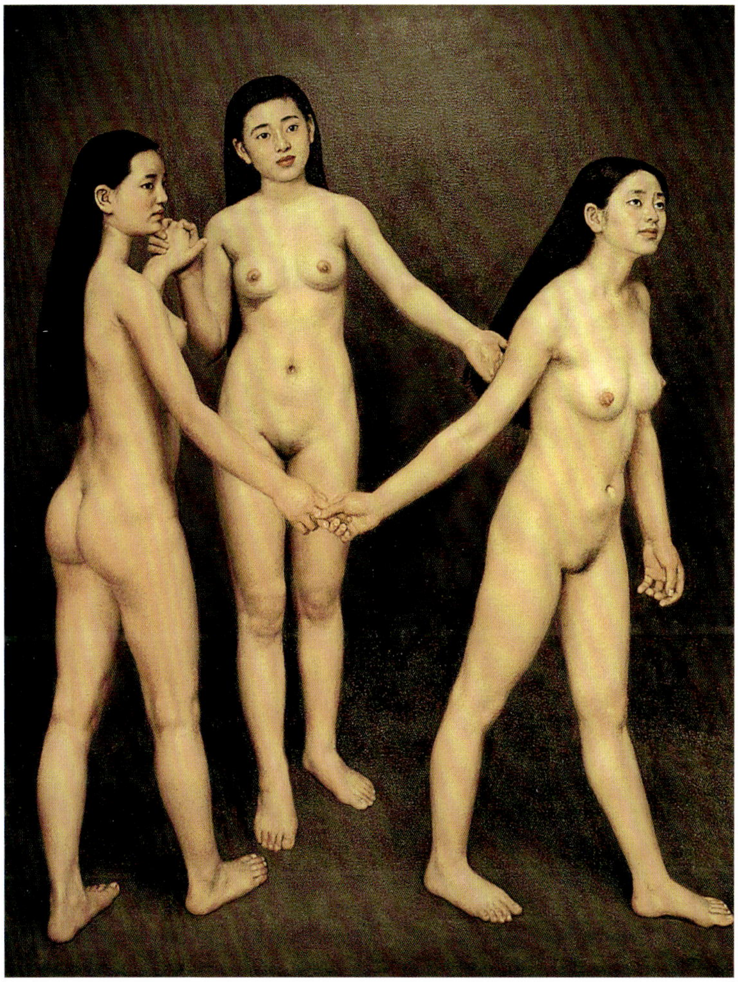

三友行 / 布面油画 / 199.8CM X 155.2CM / 2002 年

段，而在表现男子的阳刚之气上更有方法。对此，石良深有同感："在技术层面上，他也比以往更宏厚滋润了。我特别喜欢他画的一张拿铁锹的农村老汉的画，这是一张在陕北的写生。像这样的画还有一批，几乎张张出彩，在艺术上很有说服力。画面上的这些老汉既质朴又内敛，非常真实。这种真实本身还不只是视觉感官的真实，或者那个地域特点的老汉的单纯形象。我觉得他在刻画具体的人的时候，已经升华到另外一个层面了。他一直想画这样一批画，他画这种形象会经常想到他爷爷、姥爷。他画这些东西是带着一种情感，而这种情感唤起了对祖辈神情的追忆。他和《父亲》那种作品不一样，画《父亲》是靠一种尺度，或者靠一些微观刻画。杨老师其实不是，他在绘画语言上完全遵循了绘画语言本体的一些要素，但是画面里面所传递出来的，不是一眼看到技巧如何，而是这批肖像本身使人在心理上产生的一种感应。”“尤其是那张拿铁锹的老头，我觉得是对那一代人的一种联想。其实那张画虽然只画了一个人但本身好像是为那个阶层的人整体造像，有终极关怀的情愫在里边。”

“现在很多画家不写生，杨飞云则重视写生，除了画室里写生，每年都要去乡下，并能完全沉醉在写生的氛围里面。在杨飞云的整个艺术状态，其实都带有一种激情和冲动，如果说在画室里表现得还不是特别充分，那么一到乡下就几乎全部释放出来了。学生们也经常跟杨飞云开玩笑：“您要是在画室里保持像乡下写生那样的状态，那就太棒了。”其实杨飞云也一直努力那样去做，希望在画室中也有这样一种创作状态。”

“其实我们通常看艺术家，一个是看他现在的状态，再一个是看这个艺术家是不是有可能有未来，我觉得第二点是尤其重要的。有些画家能走到哪儿，是一目了然的。我觉得杨老师，以他这样的人生壮年，还有这样强烈挑战自我的愿望，我相信他是有未来的艺术家。”

古希腊唯物主义哲学家认为地球是由四个基本元素构成：空气、阳光、水和火。后来他们认为还存在第五元素，即永恒、纯洁和包罗万象。我个人认为真正的美就是这第五元素。而杨飞云是追求真美的画家。对此石良也有同感。“在语言上，杨老师还是很坚定地不断向传统学习，从来没有摇摆过。随着艺术视野的拓宽，包括艺术实践的不断丰满，他在语言上自然会有一些调整。但其实不是从语言的角度，形式角度或者趣味角度的一些简单变化，而是杨老师始终遵循内心深处的这样一个感召：向大师学习。而且是不断深入、永不停息地向大师学习。”

“应该说现在和早期有一些变化，但他的创作一直有很本质、内在的情愫贯穿着，使观者一看就知道是杨飞云的作品。而且和他的心路历程，和他自身的艺术上的成长，一看都是非常吻合。杨老师非常笃信艺术上的准则，从不轻易改弦易辙。”

艺术跟人生经历的确难以分开，比如伦勃朗的画，早年的作品和晚年的作品变化很大。其实未必是画家自己要如何变化，而是人生阅历丰富了，整个精神、思想、情感发生变化，在艺术上就自然有一些变化。石良觉得杨飞云的画，确实越来越丰厚，越来越有力量。

我觉得杨飞云的绘画里有一种虔诚和澄净，石良也认为：“我觉得杨老师的画面有终极关怀的情愫在里面。比如我们刚才说的他画的那张母亲和孩子的肖像，很容易让人想起拉斐尔的那张《圣母》，它有母性、神性的情愫在里边。比如他画那个拿铁锹的老汉，多少有点《圣经》里人

英子 / 布面油画 / 185CM X 115CM / 2010 年

类祖先亚伯拉罕的影子。杨老师注重作品中精神的力量，但他的作品表现的又都是日常生活中活生生的人。”

在我采访的过程中，“水平”二字常被杨飞云挂在嘴边。他经常跟我讲：“决定一个画家成就大小的关键是他的水平，而不应该是他的创作形式。”可以说，在杨飞云心中水平决定一切。他告诉我，其个人理解的现代和传统，是不能以新、旧作为标准来衡量的，必须是以水平作为标准。文艺复兴的绘画能打动你，古希腊的艺术也能打动你，按理那都是很远很古的一些样式和题材。这些艺术为什么能使你情不自禁呢？其实，你这时关注的并不是它的样式和题材了，而是其内在深刻的水准。”

为此杨飞云还举了两个生动的例子：比如谈恋爱，古代人谈恋爱和现代人谈恋爱的方式肯定不同，但是两情相悦的本质始终未变。比如吃饭，现代人和古代人用的餐具肯定也不同，但它充饥裹腹的功能始终未变。优秀的艺术一定上能承前、下能启后。当我们面对一张杰作时，无论它是古代的还是现代的，中国的还是外国的，都具有深刻的水准，而其内在的高度也应是相当的。

他告诉我：“翻开《达·芬奇素描集》，有一个关于手的描绘，那种美感精微至极，纤毫毕现。有心之人能从中看出《蒙娜丽莎》中手的原型。达芬奇在作品诞生之前做了充分准备，由此可见一斑。正是这双手的形态深深打动了大师的心，并以此为发轫，创作出了《蒙娜丽莎》。杨飞云告诉我：“有时侯，你看大师们的一个手稿，反复推敲，把一个小稿子画到那样一个无懈可击的程度，也就能够理解他们为什么在大画上能达到那么高的水平。这其实和我们画画一样，小处不经营，画出的大画面肯定缺乏美感。”即便伟大如达芬奇，创作也需从小处着手，一点一滴、认认真真。杨飞云深谙此理，他常挂在嘴边一句话是：“不至精微，无以至广大。”他是这么说的，也是这么做的。

如果一个人能理解一粒种子在田野里经历的秋、冬、春、夏，就一定能理解一个生命是怎样成长的，就更能体会到蕴含其间的美，力量，神秘和那个远远高于人定的神圣法则。

著名艺术评论家邵大箴是这么评价杨飞云的：“飞云是有心人，他关注艺术思潮的变化，但更是‘用志不纷乃凝于神’地深入研究绘画技艺，研究线、色彩、造型、构图的表现方法，研究他们在画面上的表现力。他巧妙地运用对比与和谐的辩证关系，使各种绘画因素综合成一种似乎离现实很近而又有相当距离的境界。”或许杨飞云是真正领悟了那个远远高于人定的神圣法则，才创作出似乎离现实很近而又有相当距离的杰作的吧。

中国美术馆馆长范迪安对杨飞云的评价也颇为深刻：“西方古典油画的风韵在它的故乡儿

成绝响。但在中国，却有包括杨飞云在内的一大批画家潜心研究古典油画风格，这种从油画语言的‘本源’上和油画内涵的‘本质’上吸收西方油画精华的举动，是一种兼有技艺与文化意义的选择。发展中的中国油画似乎绕不开掌握地道的油画语言这个基础，因而，杨飞云作为新一代油画家的一员，承担了一种历史性的任务。”同杨飞云打过多次交道，深感他是个责任感非常强的人，这种对艺术、对人生的责任感不只表现在言行上，还流淌在血液里。“与芝兰同室，历久弥香；与鲍鱼同居，历久弥臭”，真正的美必会与时俱进，而深刻隽永。

自从我爱好画画以来，最重视的是自己的兴趣、喜好、感受、心意浓浓地专心致志于自己的爱好，珍重自己的感情，不断的工作至今。也许是因为我的性格、经历和知识结构，使得我一直都偏爱文艺复兴时期的那种负有理想、具有健康生命的艺术，这是一种能深灌到我的血液中的艺术。

唐代的张彦远在《历代名画记》中谈绘画的功能：“夫画者，成教化、助人伦、穷神变、测幽微，与六籍同功，四时并运。”艺术是随着时代的变化而变化，但艺术的本质有变化吗？杨飞云这样问自己，也经常问他的学生：“今天的艺术无论国画、西画，还是其他艺术形式，不也同样承载着其悦人眼目、抒写情怀、启发灵魂的功用吗？我们找到了一个不变的本质，就不会跌落在传统和现代的无聊争论中。15世纪画家画画用蛋彩，今天人们用丙烯、快干剂，但艺术的本质有变化吗？”

红装古椅 / 布面油画 / 166CM X 113CM / 1988 年

二、妻子与模特

题记：杨飞云与妻子出门时，经常被陌生人认出来的是芃芃，而不是杨飞云。大作家沈从文在《自传》里曾说过："我行过许多地方的桥，看过许多次数的云，喝过许多种类的酒，却只爱过一个正当最好年龄的人。"回味杨飞云和的恋爱故事似乎就有同感。

采访芃芃是在一个春寒料峭的下午，在杨飞云宽敞的画室里，我们长聊了将近7个小时，她对往事的回忆如此细致、真切，充满了画面感。

芃芃认识杨飞云是在文革后期，屈指算来已有36年。那时候，家长都愿意让孩子学点音体美，有些特长，所以学画的孩子特别多。当画到一定程度时，家长就忙着给孩子找老师，一找老师就找铁路局那几个画画高手。杨飞云在铁路局机关当宣传干事，在单位里画画已经小有名气，留着落腮胡子，人又长得老成持重，大家都叫他老杨，周边聚集了一大群跟他学画的孩子。
小时候就爱写爱画，上到小学五年级，母亲托熟人把她带到了杨飞云的画室。一进画室，芃芃就站在房间一角，不大敢吭声。当时画室里有好几个成年人，其中有一个人特别能说会道，还有一个人不大说话，只是在那微笑。她要跟着学画的老师是那个沉默寡言的老杨，而那个能说会道的人是他的同事孟凡辉，后来成了中央台《美术星空》栏目的编导。据孟凡辉后来回忆："那个小丫头片子拿个破板，板上就夹着自己的画。"

虽然那时的杨飞云整天都是若有所思的样子，也不跟学生们逗笑。但感觉杨飞云并不严厉，心里也不怕这个留着落腮胡子的小老师。那时候老师一点学费都不收，他们还经常到杨飞云那里蹭饭吃，有时食堂一开饭，小伙伴们就不知从哪里冒了出来，不但吃得美滋滋，还挑肥拣瘦。每到这时，杨飞云就看着这帮"小画家们"乐。

"小画家们"在杨飞云的画室里画石膏像，画静物，还互相做模特。不时，杨飞云放下画笔，给"小画家们"指点个一二。那时他们去得最多的地方是火车站候车室。在那个封闭的年代，火车站候车室几乎是唯一可以去的公共场所。"小画家们"在候车室到处"挖掘"可以入画的旅客。一盯上目标就软磨硬泡，非让人家给他们做模特。但有时他们画"模特"的时候，会围上来很多看热闹的旅客。如果围的人太多，影响车站的正常秩序，站方也会出面干涉，甚至下逐客令。在记忆里，杨飞云基本上没给学生做过模特，可能是在学生面前不好意思和放不开吧。当时小伙伴们还是在内心深处钦佩这个像大哥哥一样的老师。因为只要学生们画一笔，杨飞云就能看到问题，学生们觉得跟他学画特别有长进。

小伙伴们有时也被杨飞云“抓苦差”。杨飞云那时候在铁路局文化宫工作。文化宫里没有专门的清洁工，都是单位的职工轮班打扫卫生。有时轮到杨飞云，他正忙于创作，小伙伴们就一齐动手，因为人多，一会儿就扫完了，然后再去画画。

就这样，寒来暑往，芃芃和小伙伴们在杨飞云的指导下也不知道画了多少南来北往的旅客，画艺也提高不少。

芃芃告诉我：“记得有一次，我真生杨老师的气了。那时母亲规定我每天要交作业，但我有时犯懒，就应付差事，或者找理由不画。一天，杨老师来到我家和母亲一起来批评我，我小脾气就上来了：‘我不画了，以后再也不画画了’。杨老师也异常坚定地说：‘你也就是画画这块料。’我心想我怎么就是画画这块料？我学习好着呢。其实杨老师的意思是我不画画太可惜了。当然，我后来还是‘顺从’了他们，非常认真地画了下去。”

有时杨飞云也领着大家去野外写生。这是小伙伴们最高兴的事情。印象最深的一次是去大青山写生。那是七月份，满山遍野开满了山丹丹花，美得不可言表。小伙伴们也顾不上画画了，把画夹一扔，就开始疯玩起来。杨飞云和学生们还是不一样，他面对着如诗如画的风景，也非常兴奋，但他还是先支起画架，描绘心中的风景。有一个小男孩特别调皮，用自制弹弓打下了一只野鸽子，芃芃当时心里一揪，躲得远远的，心想鸽子也是小生命呀，你怎么能把它打死呢？

但恐怖的事还在后头。就在从大青山回来的当晚，爆发了唐山大地震。虽然还不太知道地震是怎么回事，但看见几乎所有人都愁眉不展，知道是出大事了，出了件比打死一只野鸽子大得多的事。

我认识的不少画家在功成名就之后，都自己埋头苦画，忽略了学生。而杨飞云多年来养成的习惯就是无论走到那里都要带着学生，都要教学相长。杨飞云带学生“上瘾”恐怕就是从这一时期养成的。杨飞云学画的心非常强烈，那时候内蒙古有几位中央美院毕业的老师，杨飞云不时把自己的作品拿去请老师们指点，而且到处找画册，找到一本好画册就不停地临摹。突然有一天，杨飞云不知道从哪淘来一本伦勃朗的画册，更是如获至宝。从此，他的话就更少了，恨不得把整个脑袋都埋到伦勃朗画册里边去。

时间过得飞快，一转眼就到了1978年。就在这一年，杨飞云考取了中央美院油画系。小伙伴

大植物 / 布面油画 / 129.5CM X 97CM / 1985年

们“群龙无首”，自然也就散了。失去了那种大家在一起画画的氛围，有点怅然若失，杨飞云写信鼓励芃芃要把绘画坚持下去。但那时老师不在身边监督，芃芃年纪还小，比较贪玩，没有把全部心思放在画画上，于是芃芃决定把画画放一放，等考上大学之后再说。

雪后的天空如此辽阔，一直延伸到无垠的远方。在每阵大雪过后，似乎总隐隐感觉有一个诗意的未来在等着她。

芃芃高考的成绩明明白白，但志愿报得却有点糊里糊涂。她上一届的学友报了北京中医学院中药系，她想都没想也报了同校同系。当时，芃芃的想法特别简单，只要能考上北京的学校就能进北京，这对于像这样的支边子女来说是最好的选择。而且这个专业还不用临床，不像医生每天都要接触病人，学中药每天要和花、草、果实打交道，对于一个女孩子来讲是一件很浪漫的事情。关键是来北京又可以和自己的老师“会师”，重拾自己的业余爱好了。

大学里的学业并不像想得那么浪漫，五年的大学时光有三年多都是在学化学。周末的时候，芃芃经常到杨飞云画室去玩，有时也给他当模特。在那个年代，还不像现在这样开放，男女交往还都小心翼翼。于是他们约定以表兄妹相称，后来这对“表兄妹”日久生情，于1986年结婚了。班里的同学朝戈、夏小万、王沂东怎么也搞不明白了：“怎么老杨和表妹结婚了？”大学毕业后，芃芃被分到北京市卫生学校当老师，上了两年班，1988年就辞职了。辞职后，芃芃和杨飞云去了美国。

芃芃说：“我没有受过专业美术训练，没有上过一天美院，之所以画画完全是出于兴趣。我小时候是拿着小板跟杨飞云学画素描，画石膏，奠定了一个基础。但是我没画过油画。后来我们结婚后住在美院，他给我准备画布，然后教我怎么画，先画画瓶子、罐子。我就按他指点的方法画。中间不断出问题，我就向他请教。”

在生活中，杨飞云特别注意观察，有时觉得某一个动作吸引他，他就会马上说：“哎，这个不要动啊。”芃芃说：“比如早晨起来伸一个懒腰，他就觉得好看，反正他的眼睛总是在琢磨着画，他一看这是一个画点，那就觉得你就这样别动，我给你勾一个速写。就是一般动作，真要半截动作就不让动，我在看电视一回头，他告诉我：‘哎，别动，我画一个速写’。以后可能这张速写就是一张画的灵感之源。他的创作都是源自生活的，所以观众都说画我的那些作品是他画里精品。虽然从绘画的认识上和技巧上，肯定现在比以往更好了。但是那个时候因为他对我太了解了，所以他体会不一样。”

古希腊先哲柏拉图在《会饮篇》中说：“爱是最古老的神，是诸神中最光荣的神，是人类一

动与静 / 布面油画 / 130CM X 98CM / 1996 年

切善行和幸福的赐予者。"杨飞云和芃芃的爱情便是如此。在我看来，芃芃知性而富于诗意，内敛而不事张扬，浑身充满艺术气息但又让人不易察觉，这种女性美现在越来越难寻觅，幸好这种美都被杨飞云"珍藏"在画面里了，从小到大，从为人女到为人妻、为人母。杨飞云的学生、著名画家石良在接受我采访时也说："芃芃不是特漂亮，但是单纯、典雅，并且骨子里有一种理想化的追求。杨老师在画他爱人的肖像里，也一直试图表现这些美质。那张芃芃和孩子的肖像，与以往不同的是，杨老师在着力表现身上所自然散发的母爱的光辉，那种博大、温柔、深厚的情感真是非常打动人。"

采访芃芃后一周，我又就"妻子与模特"话题，和刚参加完重要会议的杨飞云彻夜长聊。谈起芃芃，杨飞云情深意长："芃芃年轻的时候显得很灵动，很聪明，而且北方女孩的特点比较突出：脸比较平，比较圆，单眼皮，还有眉毛、眼睛、鼻子、嘴都很有东方人的特点。更重要的是她有一种东方气息，眼睛里有一丝单纯，一丝羞涩，还有一点点犹豫，整个人看起来比较干净、利落。我们最早认识的时候，她才12岁，只是一个跟我学画的小姑娘。那时候学画的女孩很少，而她一直坚持着。她从小就能坐得住，给我当小模特，很乖，一坐就小半天，也不喊累，要是换别的小姑娘根本坐不住。而且她越画越有感觉，她的有些画还被内蒙古师范学院的学生借去看。随着芃芃一天天长大，我们的好感也一步步增强。至于说谈恋爱，也说不清楚哪一天开始的，我们之间的爱情是自然而然，水到渠成。"

芃芃考到了北京，虽然学的专业同艺术风牛马不相及，但她还是兴趣盎然地继续她业余模特的"事业"。而且她非常自然地融入了中央美院的圈子，杨飞云的同学、老师的学术活动，她都积极参加。他们在茶余饭后聊艺术，她都听得津津有味。

在那个年代，不用说根本没钱雇模特，压根就没有专职模特一说。要想画个人物，只能到火车站、汽车站的候车室去恳求旅客，到图书馆去恳求读者，到各种各样的公众场所去恳求陌生人，给他们画像。所以那个时候，能找到一个让你画的人太难能可贵了。所以，芃芃能给杨飞云当模特，而且一当就是几十年，他感觉真是上苍所赐。

有一次暑假，杨飞云回呼和浩特，到芃芃家登门拜访，又请她给当了回模特。但感觉非常难画，怎么都画不好。杨飞云自己都有点绝望了，但忽然就画到芃芃的一双手，画得很顺畅，形、色、表情、动态全出来了，笔触也很流畅，好像一下子就开窍了。之后杨飞云就把画那双手的感受拓展开来，画脸也那么画，画身体各个部位也那么画，一切都变得豁然开朗。画成这张肖像，是杨飞云暑假最大的收获。在杨飞云上大三的时候，美院举办了一次学生展览，杨飞云的一些创作都没有那张肖像习作得到的好评多。后来画《小演员》就是根据那张习作画的，还获奖了。这件事使杨飞云明白了一个道理：画画不在于题材，而在于画的时候究竟有没有真情实感。

1982年，杨飞云看了法国卢浮宫250年展览，深为震撼。尤其是大师们笔下各个阶层的女性形象，让杨飞云玩味良久。1986年，杨飞云去法国考察，遍览大师名作，这对杨飞云的触动也特别大。无论是达芬奇、拉斐尔还是提香、安格尔、鲁本斯，他们笔下的西方女性都给杨飞云留下了不可磨灭的印象。他反反复复琢磨大师的笔触，体悟那至真至纯的美妙意境。从法国回来之后，杨飞云就有了一种要创造东方女性之美的强烈冲动。

杨飞云画女孩子的感受跟别的画家很不一样。他当时就特想创造一种代表东方人的，为大众所熟悉、亲切的那种美感。然而用西方油画这种介质如何传递东方女性之美，其实还是有很多问

那时我们正年轻 / 布面油画 / 125CM X 115CM / 1991 年

题需要解决。而这时芃芃已经长大了，逐渐展现出那种成熟女性的美了，杨飞云和她的爱情也悄悄地发芽、生长。

杨飞云告诉笔者："可能是情人眼里出西施吧，而且她做我的模特又非常欣然，对我的艺术有一种深入、贴近和理解，还有那么多年相处的积累，我越画她就越有感觉。因为从感情到事业，还有艺术上的那种理想，正好她能配合。那时候也没有职业模特，课堂上让学生画的模特，都有点职业色彩，都是训练出来的，画起来没有感情，根本激发不起来创作冲动。我用模特，就像伦勃朗画肖像一样，把模特放在各种可能的环境里面，每一张都是不一样的体验。从1985年的《小演员》到1987年的《北方姑娘》再到1989年的《唤起记忆的歌》等等。1987年全国首届油画展，《北方姑娘》还获得一个大奖。之后画的肖像受到很大的肯定，不断地被重视，那些全是画的她的肖像。所以当时社会上有人就说杨飞云是画老婆的画家，靠老婆出名，靠老婆吃饭的画家，但是我觉得这种说法也是一种很亲切的说法。”

一般人都不认识杨飞云，但很多人都能认得芃芃，因为《北方姑娘》印刷品那时随处可见，所以每次跟杨飞云出门，都是芃芃先被认出来。陌生人看旁边站个男的，不管站的是谁都会嘀咕那个男的肯定是杨飞云。

《那时我们正年轻》是十几年前留存在人们记忆深处的一幅佳作。画中两个人物，即画家和他的妻子，是那么的蓬勃、有生命的张力，又那么的宁静、温馨、和谐。两个人之间有一种无法言说的默契，也有一种为了追求理想所特有的坚定和沉着。小仲马在《茶花女》中曾写到：“青春像一只快乐的小鸟，飞去不再飞回。”而《那时我们正年轻》就是一幅为不再飞回的青春永远定格的美丽图画。

《那时我们正年轻》也让杨飞云深爱不已：“我画这幅画，其实想到更本质的事情，就是亚当和夏娃，造物主能造出男女来，让他们相亲相爱，生生不息，简直太不可思议了。像伦勃朗、鲁本斯等很多大师都画过自己的妻子，而且画得是那么深情隽永。其实，我能画出这张画也纯属巧合。当时，我找了一个大镜子，本来想对着镜子画自画像。我画着画着，芃芃突然过来站在我身后照照镜子，我一下子就感觉那个时刻非常美好，同时也觉得人生易老，青春最美妙的时光很快就会过去，而且她比我年轻很多，说心里话，我还有一些自卑。我当时就想要用画笔为我们的青春留下纪念。”

画《唤起记忆的歌》杨飞云也有这种感觉，好像都是回忆性的。内蒙人有一个特点就是平时总爱哼歌。1989年杨飞云已在中央美院当老师。有一天，他在画室里画画，在画室里翻翻画册，看看画，一副休闲放松的状态。她哼着歌偶尔到镜子前面弄弄头发，当时她穿了一件蜡染的裙子，图案很漂亮。然后杨飞云就瞬间产生了一个画面，激动不已，觉得画出来肯定特有意思。于是杨飞云就又给施了孙悟空的定身法。当时杨飞云的画室里种了一棵橡皮树，他就把这棵树作为背景也画到了画里。画这张画时杨飞云就比以往都强烈地感觉生命不能永远年轻，但青春的美好记忆却可以珍藏一生。画完了以后他才发现，这种情感很容易让人们找到共鸣。越深入研究杨飞云，越觉得他是个很纯粹的人，活得很纯粹，画得很纯粹，爱得很纯粹。这张画参加了美院举办的《世纪中国》展览，很快就被一个新加坡收藏家收藏，印刷品又一次风行海内。

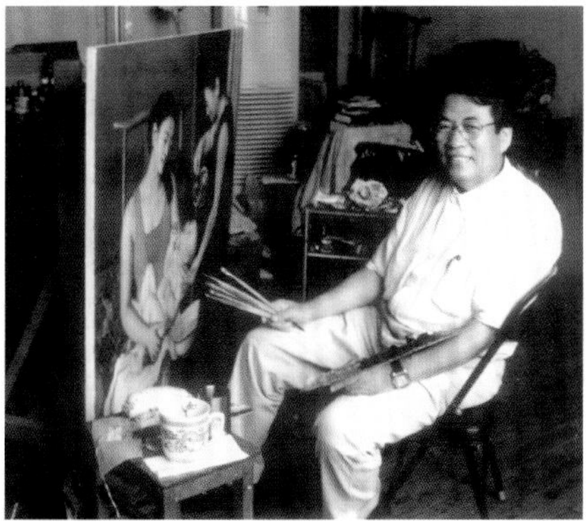

1. 2007年在北京燕郊画室。

2. 1988年在老美院宿舍中。

3. 1985年在老美院七层画室里。

4. 1975年在呼和浩特市做铁路局美术干事时。

唤起记忆的歌 / 布面油画 / 100CM X 80CM / 1989 年

1993年，芃芃怀孕了。当时杨飞云一家也在北京朝阳区东大桥分到了新房。虽然面积只有47平米，但有两居室，还有小客厅，一家人就觉得房子很大了。就是在这套房子里《静静的时光》诞生了。这张画让杨飞云回味无穷：“《静静的时光》画完之后被香港大学冯平山美术馆收藏，我2003年到香港办展览，又从博物馆里借出这张画。一看见这张画，我仿佛又回到了从前的日子。那时芃芃怀孕了，她穿的是岳母给她缝的花裤子，特合身，而且肚子也显得不那么鼓了。岳母头发花白了，坐在藤椅上，非常慈祥的样子，芃芃那年不到30岁，也快要做母亲了。背景就是我们新房子里种的龟背竹。当时，我就觉得一家人在一起其乐融融。而且我们也快有生命的延续了。所以，我将满腔柔情都融入了画里——静静的时光让人留恋，更让人珍惜。”

芃芃大学虽然学的是中草药，但她对绘画更有一种流淌在血液里的热爱。我有时甚至觉得她

5. 1998年与夫人在黄河壶口瀑布。

6. 1994年8月与夫人在山东烟台养马岛海边旅游，当时遇台风，海浪飞扬。

7. 1997年与夫人在东陵。

8. 杨飞云与夫人

比我对绘画还要恋之深，爱之切。就比如她给我做模特的时候，比我对画还看重。画得不好的时候，她比我还难受。画得好的时候，她比我还高兴。她甚至比我还关注画的方法、画的进度、画的意境。从某种意义上来说，以她做模特的那些作品是我们共同完成的，她为此倾注的心血似乎并不比我少。

我采访过的很多画家都是把模特找来，勾一个轮廓，再拍一些各种姿势的照片，然后再根据照片进行创作。芃芃告诉我："我觉得可能那些画家也不完全根据照片画，他们参考以后再自由发挥。而杨飞云画画的习惯就是从头到尾都对着真人模特画。他觉得一个模特坐在那里给他的感受和照片完全不一样。就连"三个女人体"那么大的画都是这样画出来，画了好几个月。照片上的人和真人完全不一样，照片已经被机器过滤掉很多生命信息，而真人模特给你一种全方位的感受，包括这个人的气质、修养、习惯等等，有时同模特聊天也是一种很好地交流，这些照片都无法达到，我觉得他画人物，就是在画人，不是在画一种动作，他是在挖掘人物内心的精神和情感。"

给杨飞云做模特其实是件"苦差"，他画多长时间，模特就得坐多长时间。《唤起记忆的歌》是杨飞云的代表作之一，画里的芃芃在浅吟低唱。我的问题又来了："杨老师刚开始画的时候，你可以老张着嘴，但是半个小时、一个小时以后，那嘴就变化了，杨老师怎么把握你瞬间的感觉？因为他画出来的只是一个瞬间，比如你给他做一两个月模特，你的神态、举止，包括你的张嘴动作总是在变化，当时他是怎么把握的？"

芃芃听到这话笑了："那就得一直张着嘴，跟唱歌一样，开始是唱歌，最后唱不动还得像那样张着嘴。给他做了那么多年模特了，要保持静态几个小时没问题，但唱歌这个状态确实很难保持。即使是张着嘴，唱歌的表情也是有变化的。我觉得他画到关键的地方，我还是尽量保持唱歌的那种状态。但他画鼻子、眼睛的时候，我还可以稍微喘息一下。给他做了好几十年模特，所以很多人都以为我是专业模特呢。"

听到这些，我也颇有感慨："即使专业模特也很少像你这么敬业的。我没想到你一个姿势就往往要摆几个星期甚至几个月。"芃芃又笑了："专业模特是人家的工作。我与她们不大一样的地方是我对画本身创作过程特别关注，特别想看飞云到底给我画成什么样？所以我就特别有好奇心，想配合他做成这件事。否则根本就完成不了，如果把给他做模特看成一个苦差事在那里坚持，肯定坚持不住。"

做了母亲之后，芃芃因为要抽出大量时间照顾孩子，就很少给杨飞云做模特了。芃芃告诉我："他一张画要画那么多天，模特就得一直坐在那里，除了吃饭睡觉，其余时间就一直不能

抱玩具的姑娘 / 布面油画 / 38CM X 35CM / 1989 年

动。孩子那么小，根本离不开妈妈。因此这些年很少给他做模特。只是2000年的时候，飞云去法国做访问学者，我去看他，没带孩子，所以踏踏实实的给他做了一回模特。”

“但即使就做了这么一回模特，还引来了宋韧老师的强烈‘抗议’。宋韧老师是原中国美院院长肖锋的夫人。当时她也在巴黎。时值隆冬，那时我们住的房子，室内温度不过10度，我穿着单衣给飞云当模特，冻得有点发抖，宋老师一看就不干了，说飞云太不关心我们女同志了。但她不知道，我以往给她当模特，比这冷得多、条件比这艰苦得多的时候有的是。”

杨飞云和芃芃走到哪里，画到哪里，生活中除了画画，几乎还是画画。杨飞云曾经8次在巴

9. 1994年与夫人、儿子在家中。

10. 一家三口

11. 妻子与儿子在法国巴黎卢浮宫。

黎逗留，巴黎最有名的百货商场居然连一次都没去过。

杨飞云一直认为男人要想成功的话，真是需要一个贤内助的。而对于他来讲，尤其如此：“我现在回头慢慢想，自己的夫人有几个特点：第一，虽然家庭条件比较好，但她花钱从不大手大脚，并不是她刻意省吃俭用，而是对高消费的事情本身就没有兴趣，甚至也不怎么爱出去旅游。到外地或者出国也几乎把时间都用来泡博物馆。其二，也不要求我每天回家陪她们娘俩。我无论把画室设在燕郊还是高碑店，都是周末才回家，住上一两天。家里的事情我几乎什么都不管，都由她包了。而她料理家务之余，也几乎把所有的时间用来读书、画画。我们还有一种趣味上的共性。所以说妻子，不是个人挑选的，即使你千挑百选可能也没有那么合适。好像是一种天意，上苍就这么安排了，只能感恩。”

上个世纪八十年代末的时候，杨飞云先去了美国，后来芃芃也去了美国。出国的时候杨飞云夫妇带了一万美元，就觉得很富裕了。那时候美国绘画市场相当成熟，而当时国内几乎还没有市场，有些人一到了美国就千方百计想定居下来。杨飞云夫妇拿到了绿卡，可以在那边画画，画肖像还能挣钱。但芃芃一到美国就感觉不喜欢，动员杨飞云回国。他们俩的感觉不谋而和。

杨飞云在美国的时候觉得很痛苦，一是画的对象完全没有情感，投入不进去。二是不少在那里待了很久的中国人，英语仍然是幼稚园水平。杨飞云常常不是跟人家在一起工作、交流，而是躲在画室里画画，所以他的语言水平很难提高。此外还有文化差异太大了。很多画家出国省吃俭用，好不容易买了一所房子。可是对一个普通美国人来说，每个人都有房子。于是，十几年、二十几年过去了，就解决了一些最基本的生存问题，个人事业则很难发展。

杨飞云在美国呆了一年多，芃芃去了八个多月。他们就再也呆不下去，归心似箭。很多朋友都劝他们不要回来，那时国外比国内条件好得多，但他们还是毅然选择回国。

回国的时候，杨飞云还没有分到单位的家属楼，夫妇俩仍然住在宿舍里，但回国和自己亲人、朋友、师长、学生在一起，感觉非常幸福。1996年，杨飞云在距离北京以东30公里的燕郊盖了画室，这样他就有更充分的空间进行大尺幅作品的创作，并且积累了更多教学经验，脚步更踏实了。

杨飞云和芃芃结婚以后一直没有要孩子，俩人就是一直在画画，也没有提出要个孩子。1989年底，杨飞云先去了美国，芃芃一个人留在国内，都非常思念对方。杨飞云写信给芃芃说，两个人真应该要个孩子，自己不在身边的时候，她就不至于太孤独。芃芃告诉我，画画的人心思都在画上，他们两个好像也不是过日子，在一起就是为了一个目的：画画。

女人像 / 素描 / 38CM X 35CM / 1989年

2005年，我随杨飞云、李贵君、朱春林等师生一行到河北蔚县写生。杨飞云一家日出山间写生，日落田野漫步，其乐融融。我个人感觉他们的儿子宽厚、聪明，融合了他们二人的优点。芃芃很欣慰地告诉我："现在儿子长成大小伙子了，上中学了，学习成绩好，也有绘画天赋。""虽然我们俩都画画，但我们从来没有刻意教儿子画什么。我们都觉得小孩子画画应该凭兴趣，他有这方面兴趣，自然会跟我们学，他没有这方面的兴趣，强迫也没用。但我们发现他自己特别爱画，从小时候的涂鸦到现在正而八经地画水彩画，儿子对绘画的兴趣一直不减。而且一到寒暑假，飞云就会给儿子布置作业，督促他认认真真地画几张画。儿子完成起来还格外上心，一丝不苟。"

一到暑假，杨飞云一家子经常去乡下写生，这是他们一家人一年当中在一起呆得时间最长的阶段。下乡的时候，杨飞云感觉一是能尽到一点儿当父亲的责任，孩子假期了，把他一个人扔在家里不合适；二是能享受天伦之乐；第三是还能让孩子到村子里面去体验大自然，让他认识城市

暮然 / 布面油画 / 60CM X 50CM / 1991 年

以外的生活。

我的生活准则是将生活里的一切能简化即简化，尽可能地把自己的精力、情感、思考、学识凝聚成一点，倾全部心血，集所有光阴，扎扎实实地埋头于自己的喜好。

杨飞云告诉我："芃芃是城市里长大的，没怎么去过乡下，所以对乡下特别好奇，一到乡下就兴高采烈。北方农村里垃圾往往到处乱堆，苍蝇、蚊子到处乱飞。尤其下了雨以后那种泥泞，更是让人吃不消，但芃芃都适应了。我原来以为儿子肯定吃不了这种苦，结果出乎我的意料。开始，儿子一见我和他妈妈都下乡，就想跟着我们一起玩。来到乡下，他又不想回来了。特别是去年到陕北米脂，我发现儿子和当地村民还有我的那些学生，比我都和得来。无论是大人小孩，他都能跟人家打成一片，混得特熟，大家也特喜欢他。原来我觉得他是城市小孩，怕他有这样那样的不习惯，但我的担心完全是多余的。去了不到十天，他自己还画了十几张写生，临走的时候恋恋不舍。”

2005年去蔚县，杨飞云的儿子也画了好几张写生，非常漂亮。杨飞云谈起儿子来非常自豪：“儿子画画的感觉比我小时候好多了，比我们俩都好。他从来没有太认真地学过画画，他未必画得多准，但他能把一个人的神态画得特别像。说来也怪，从来没人教他，他画的东西居然有点像文艺复兴早期。他画的还真不像没有受过绘画训练的孩子的涂鸦，有时画的东西还有点文人气，有美感，不像小孩子画的东西。”

在谈及儿子未来时，杨飞云也充满期待：“我教他别的也不会，但我还是特想教儿子画画。而且整个家庭还有工作环境都是绘画的氛围。又有这么多古往今来大师的画册，可供参考，他感觉又那么好，所以我坚信他将来肯定会画画。他现在学习很不错，学习对一个人也很重要，是打基础的阶段。”

画画几乎占据了杨飞云绝大部分时间，都是芃芃在照顾孩子。杨飞云深有感触：“她是比较有牺牲精神的。最早给我做模特，有了孩子以后，她精力又要放在孩子身上。除了照顾孩子，她自己还画画。”

“像我这样的家庭，真的是靠山吃山，全家都在艺术这棵大树上采摘着自己喜欢吃的果实。虽然老天眷顾我，靠画画就能够维系条件比较好的生活，全家在经济上不用发愁。但是我在他们娘俩身上还是有很多亏欠，没有更多时间陪伴他们。所以我们下乡的时候或者出国看博物馆的时候，我尽量让他们相伴，其实是一种弥补。我认为这是我们一家人相处最愉快的一种方式，大家都在艺术上得到了一种和谐和补充，又享受了天伦之乐。不只是我个人，而是我们这个家庭其实是靠艺术凝聚在一起的，所以我发自内心的感恩，感谢艺术。”

艺术给我的人生、我的家庭，带来了无法想象的影响。无论是从儿时至今的成长，还是我的爱情、婚姻，无论是我的人际交往，还是社会认同，无论是自我的锤炼心性、提高修养，甚至持家理财、养家糊口，几乎我人生的一切的一切，可以说都是艺术之神赋予的。我已经很满足，很享受了，喜怒哀乐都在画里面了，都跟艺术有关。

杨飞云一直认为写实油画有三层境界。第一层境界，就是眼球功能。其实现在的高像素相机、天文望远镜或高倍显微镜，其稳定、客观记录再现的能力超过肉眼。有些绘画者可能再现的都是肉眼所见到的物象。第二层境界就是带有一种情趣和情感功能的视觉选择。比如说画家看到五个人，但其实他可能只对最感兴趣的一个人进行特别的观察。这是带有一种情趣和情感功能的视觉体验。第三层境界就是艺术品一定要能打动观众的心灵。就是说我们同样看到一个人在笑，看到一个人在哭，或者同样看到一个人在做什么动作，但当和你的心灵深处的情境契合的时候，你就觉得让你有一种感觉。

杨飞云认为写实绘画不能单单靠眼神好，更重要的是兴趣和情感，首先心灵能够触动和感动自我，然后才可能打动观众。齐白石60岁开始眼花了，但他却衰年变法。如果单靠眼神画画的话，他已经不具备基本条件了。而像国画大师黄宾虹，晚年得了白内障，看东西模模糊糊，结果他这个时期的作品在学术界被认为是最有感染力的。而贝多芬在耳聋的时候写的《欢乐颂》，那个曲子他根本听不见了，他是用第三层境界做到的。这部交响乐规模宏大，气势磅礴，直指人的心灵深处，他和其他听众一样被感动得热泪盈眶。

所以杨飞云据此总结：靠视觉、靠眼神画画，年轻气盛的时候可以。但是如果当资本就错了，因为人的肉眼远远赶不上望远镜和显微镜那么准确和无误。所以，他认为比精确和准确更深一个层面应该是心灵的感觉，是内在精神的表现。杨飞云画到《母爱》这张画的时候，确实拍过这么一张类似的照片，但是她穿的衣服不是这样的，也不是这样的头发。而儿子小的时候，站在妈妈的两腿中间，两人那么和谐，妈妈那样护着她，甚至有点圣母子的感觉，这张画杨飞云无论何时看到都很感动。

2000年杨飞云在巴黎做访问学者，芃芃到法国看他，待了大概一个月，特别想念在国内上学的儿子。她虽然去那里陪杨飞云，但心总在孩子身上，每天都要给儿子打电话。儿子没在身边，又重操旧业，给杨飞云做了一个月的模特。当时他们住在巴黎艺术城的一间小屋子里，那时穿一件白毛衣，眼睛总看着窗外，那种眼神，只有杨飞云能体会到，杨飞云其实也特想孩子，一张《思归》就呼之欲出了。

其实很多创作和情景连得很紧，心也连得很紧，所以画的时候，更有一种爱的氛围在里面，使我更能自由地抒发和表达。

据杨飞云回忆：“还有一张《蓦然》也令我十分难忘。她在那里待着，我和她说话，她一回头，有点蓦然回首的感觉。当时我们在谈话，她一回头和我交换眼神的一刹那，我就抓住了那个瞬间，将那个眼神凝固在画面上，而凝固的是什么事情只有我们自己知道。观众看了可能就是回头凝望的一个眼神，眼神里若有所思，但对我们来说，还有更丰富的内容。所以，我还是对艺术之神充满了感恩之情，除了我同您谈过的很多理由之外，还有一点就是其艺术地记录了我和感情的成长，还有我们这个家的成长。有些时候，翻看一些我的老画，就会不由得眼角湿润。”

大山水 / 布面油画 / 130CM X 162CM / 2000 年

三、但使主人能醉客，不知何处是他乡

题记：演奏家用自己的乐器礼赞大师的音乐，并沉醉于永远的旋律之中。画家则走遍天下的博物馆，遍寻大师真迹，寻找到自己心灵的故乡……

1986年，命运之神又给了杨飞云一次特别的机会。这也是杨飞云第一次出国，但那个国家在哪，杨飞云起初并不知道。事情的起因就是中央美院忽然迎来了给吉布提总统画肖像的任务。美院又把这项任务下派给了杨飞云。杨飞云打开世界地图，找了半天，才在非洲东北部亚丁湾西岸找到了这个蕞尔小国。杨飞云当时也没太多想，只是非常认真地对着总统的照片画了一张肖像，满以为与吉布提的缘分就此打住了。但是，那时吉布提正在建总统府，总统先生就想把画家请到吉布提，对着他本人画像。经吉布提驻华使馆联系我外交部和中央美院，杨飞云踏上了前往吉布提的“征程”。

吉布提扼红海进入印度洋的要冲，东南与索马里接壤，西南、西部毗邻埃塞俄比亚。其地处欧、亚、非三大洲的交通要冲，凡是北上穿过苏伊士运河开往欧洲或由红海南下印度洋绕道好望角的船只，都要在吉布提港上水加油，因此，它被西方称为“海洋生命线上的哨兵”。在当地土语中，吉布提是“我的锅”的意思。据传当初几个西方人初登陆此地，见一老翁正在野外烧柴火做饭，就问：“这里的地名是什么？”老翁误以为问他锅是谁的呢，就顺口回答：“吉布提（我的锅）！”西方人遂称此地为吉布提。

中国到吉布提没有直航航班，杨飞云转了好几次机，才到达吉布提的邻国埃塞俄比亚。在埃塞俄比亚等了两个晚上，第三天才等到了去吉布提的飞机。飞机是支线小飞机，颠簸得要命。路上还通报了一次险情，杨飞云心想听天由命吧。上帝保佑，终于安全抵达了吉布提首都吉布提港。杨飞云一下飞机就感觉完全到了另外一个世界，满眼望去全是黑人，一句话都听不懂。时值盛夏，当地的气温居然高达60度以上，热得人根本喘不上气来，但当地人习以为常，整天在大太阳底下游荡。而外地人如果没有空调，根本无法生活。当时，就有一些中国的援建项目，去那里的中国人几乎人人都得了空调病，关节疼得不行。

“我到达吉布提的时候，总统也难耐酷暑，去法国度假了。但也有一种说法是为了准备下一届大选，到法国游说去了。这个国家几乎全靠收取过往船只的过路费运转，以前是法国的殖民

地，后来虽然是独立了，但靠法国帮它治理。由于总统先生不在吉布提国内，我就在那里画画待命。当地人都是卷发，棕红色皮肤，薄嘴唇，融合了亚洲人和非洲人的优点，特别漂亮，也特别入画。而其自然风光更是美不胜收。虽然吉布提国土面积只有23200平方公里，比北京市大不了多少，但有‘地质学上的活标本’之称。境内地形复杂，有高耸的火山，深陷的湖泊，画起来极其过瘾。我在那里画了很多速写和写生。”

在吉布提的生活，杨飞云记忆犹新：“我虽然是一个人去那边，其实并不孤独。总统府是由中国援建的，工程队也是由国内派去的，再加上中国驻吉布提大使馆的同志，大家在一起其乐融融的。我还跟他们学会了开车，当然是无照驾驶了。在吉布提最有意思的事情就是每天都能抓到螃蟹吃。由于吉布提人不吃螃蟹，海边螃蟹多得成灾。每天傍晚我们都组织小分队拿着叉子，打着手电筒，背着麻袋来到海边。就能抓一麻袋活蹦乱跳的海螃蟹，第二天再美美地吃上一天。”

“到红海里潜水也特别好玩。同伴们给我弄了一个潜水镜，我游着游着就把头扎到红海里去了。海底世界太美妙无边了：到处都是五颜六色的热带鱼，各种奇形怪状的珊瑚、海草，有些还真长得让人感到恐怖。我一感到害怕，就赶紧把头往海面伸，但头一伸出海面，就满眼都是游泳的人。当时，我才三十出头，就这样边玩边画，有着使不完劲。不知不觉过了三个多月，总统先生也回来了，肖像也画完了，但更强烈的渴望却从内心深处涌起。”

由于吉布提和法国的特殊关系，所以我在吉布提是“身在曹营心在汉”，越是要离开吉布提了，我越是祈盼，能不能去一趟巴黎？能不能在世界艺术之都接受更充分的洗礼？

回忆起这段往事，杨飞云还兴奋不已：“我的一颗诚心终于感动了有关方面，他们同意我取道巴黎回国。当时我的心都快从嗓子眼里蹦出来了。那种感觉就好像饥饿很久的婴儿终于找到母亲乳汁一样。”

到巴黎的时候，是原中央美院附中老师江大海接机的。他和江大海挤在10几平米的小屋里，身上只有吉布提方面给的那点美元，但杨飞云依旧感到无比的富有，踏上法国的土地，感觉连空气都充满了艺术气息。他每天早晨起来，自己做个三明治带在身上，然后就乘地铁去博物馆，天天早出晚归。三大博物馆全去了，现代艺术中心蓬皮杜和印象画派大本营奥赛都看了，主要还是泡在卢浮宫里。那时候卢浮宫管理方非常大度，只要不支三角架，参观者就可以随便拍照。杨飞云就将每一张自己喜欢的名画，局部的、整体的、各个角度的全都拍成了幻灯片。虽然过去也看过很多大师的画册，但画册的印刷效果往往都差强人意，同原作比起来，往往更是天壤之别。在巴黎的时候，杨飞云主要就看古典主义油画名作，这些作品表现力妙不可言。见到了原作，就好像一个美食家，真正品尝到了世界上最好的厨师做的菜一样，原汁原味，荡气回肠。而杨飞云觉得也像一个练气功的人得到真气一样，知道了劲往哪里使。

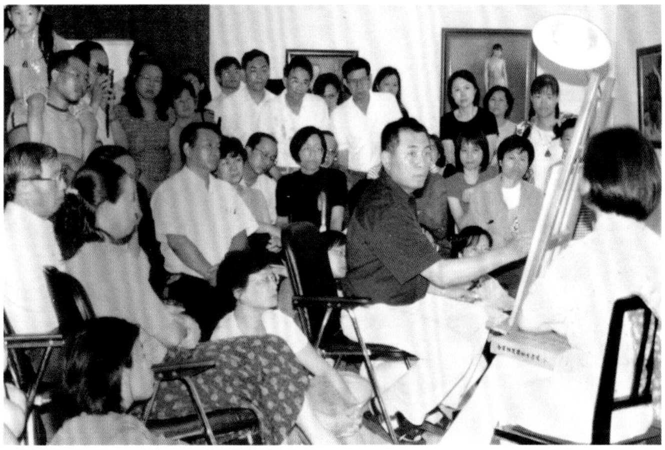

12. 2008年创作《四川姑娘》工作照。
13. 1995年与夫人在老美院画室。
14. 2001年在台湾个展期间教学演示。
15. 1998年在北京燕郊画室创作。

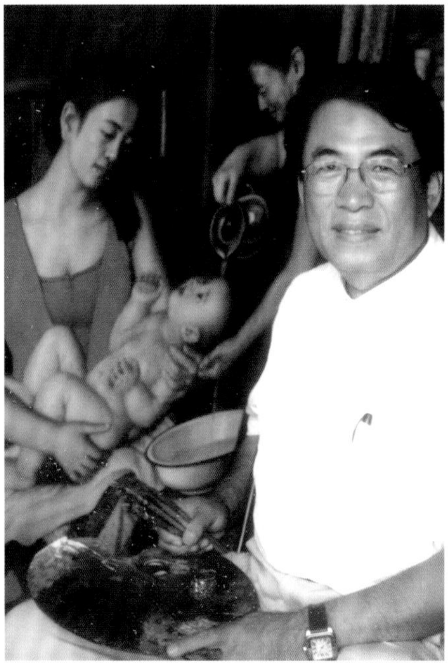

16. 1988年在沈阳观看伊维尔作画。

17. 2006年在河北蔚县写生。

18. 2007年在北京燕郊画室。

19. 2008年创作《宋庆龄》。

第一次看米勒的原作，觉得颜色黑乎乎的似乎都有点脏，可认真看进去之后，感觉米勒真的将深邃和尊严注入了平凡的事物和人物中。就像《拾穗者》里两个农妇皮肤晒得黝黑，一个形貌笨拙的农妇艰难地弯着腰，另一个农妇在捆绑一小把少得可怜的麦杆。她们在麦田的映衬之下的侧影所呈现的美却令杨飞云惊叹不已。杨飞云感觉两个最普通的农妇身上却蕴涵着巨大的精神力量，米勒是像赞美神一样去赞美这几个农妇，《拾穗者》是为劳动者写得最感人的颂歌。

太靠心计和聪明设计画面，太倾心于社会效应、轰动效应和追随外部信息变幻而变幻，太着力于所谓时代精神、现代气息、新观念等，艺术家还有多少真情实感？我觉得这样是违背艺术规律的。好的艺术是从心灵深处伴随着自己真炽的热情，如山间的清泉自然而直接流淌出来的。当今世上聪明过米开朗基罗、伦勃朗、米勒、凡高等大师的人大有人在，而能创造出具有那种人格力量、精神力量和感情深度的艺术却只有他们。

守着这么多大师的原作，真是让杨飞云痴迷不已。他反反复复从各个角度去欣赏达芬奇、拉斐尔这些大师的原作，认真琢磨和学习大师传递物象内在精神的技艺，经常是每天早上第一个走进卢浮宫，晚上又是最后一个走出来。回国之后，杨飞云画的《北方姑娘》、《进屋前的少女》，就是那种得到了真气的感觉，画艺有了质的飞跃。

听拉威尔的音乐，看柯罗的风景，曾是我很长时间的个人追求。拉威尔是个侏儒，终身未婚。但他创作的音乐却优美、自然，而且意境深远，让人有浮想联翩、身临其境之感。而柯罗的风景静谧似水，淡淡如风，更能给内心深处留下美好的印象。杨飞云更是柯罗的爱好者，每次看到柯罗的原作，他都激动不已，而谈起这位杰出的风景画家他更是滔滔不绝："他是一位坚持户外写生，对光线和色彩微妙变化进行忠实描绘的画家，他为法国风景画树立了典范并对巴比松画派产生重要影响。他的作品本身就非常抒情，他热爱旅行，为人谦逊，从不自我渲染夸张，也不装腔作势。只有这样的画家才能画出《沃尔特拉附近的风景》中树影婆娑、恬静安逸的林间空地，才能画出《达夫莱镇》中隐藏在花草之中的沉思的静谧，才能绘出《阵风》中那淡淡忧伤的诗意。他是这样一个对自然饱含真情的人。在他的笔下，连白发苍苍的老太太都是抒情的。这样的抒情肯定不是那种远离生活的画面样式上的抒情，而是更能打动人心的抒情。"

抒情是绘画的一部分，但选择什么样的方式抒情？"选择决定人的本质"。每一个画家所采取的方式都不一样。有的画家无情可抒，硬上那强努，就成了"少年不识愁滋味，爱上层楼。爱上层楼，为赋新词强说愁。"问题是画家青春年少时还可以这么应付，但绝不可以这么应付一辈子呀。而有些画家的作品又溢情、滥情，情感像失去闸门控制的洪水肆意流淌，这样的作品不但不能给人以美感，而且让人毛骨悚然。

布老虎 / 布面油画 / 89CM X 60CM / 2008 年

塞尚的作品也对杨飞云启迪深远：在《有苹果和桃子的静物》这张画中，画面的宏伟一点也不亚于他生活过的普罗旺斯地区的山峰，从中我们亦能体会到古典艺术里的圣洁和安详。和达芬奇、伦勃朗一样，塞尚选择的题材一样使他成为世界美术史上的一座高峰。那些说自己什么都可以画的人有一件事情他没有弄懂，你如果真的什么都能做，那什么也都做不到一个水平上。在杨飞云心中，即使画静物也要像塞尚那样画得充满强大的生命力和内在的审美趣味。

杨飞云认为，个体的差异决定了每个人都会有不一样的感觉。如果你让伦勃朗、维米尔、雷诺阿同时面对一个模特，那么伦勃朗肯定表现其厚重，维米尔可能关注其宁静，而雷诺阿却更愿意提纯其华美。而因情感的精微，同一个画家在其个体关注的点上又是丰富的、广阔的，它也随着时间、空间、对象和环境的变化而有着深层次的变化和发展。这和大的理想、志趣的追求并不冲突。

甘南藏族女孩 / 布面油画 / 81CM X 54CM / 2007 年

1989年杨飞云去了美国。美国艺术收藏包罗万象：印象派、现代派，古典绘画的精彩之作都应有尽有，各个时期的好作品都有，并且分散在美国各地。杨飞云看了包括大都会博物馆、盖蒂博博物馆、西雅图美术馆在内的各大艺术场馆的大师原作。这时候，他的眼睛已不只是单单盯着文艺复兴，盯着表现效果了，原作的表现效果已经不那么神秘了。这一期间，杨飞云对作品技术之上的美感和神韵非常看重。无论这种美感是深刻也好，博大也好，宁静也好，优雅也好，还是独特也好，杨飞云感觉杰作中总有那么个点，让他震撼。这个可望不可及的点，是艺术家心灵、精神层面、感悟层面、才能层面的综合体现，画家画到最后，其实都是在画自己的修养。

回国的时候，杨飞云和芃芃又去了意大利、法国和英国。当时他们不带着任何成见，也不带着美术史的定论去看各个博物馆里的作品，而是完全凭自己的眼光，去欣赏、去感悟、去评判，整个把欧洲从古典到现代的作品通看了一遍。

那次欧洲之行，真是打破一切条条框框，打破派别、风格之分，打破时间、地域界限，只看作品本身。看下来以后，他们觉得印象派作品光影婆娑、妙到毫厘。莫奈、毕沙罗、马奈等大师的杰作更是让夫妇俩沉醉不已。而现代派的佳作也使他们获益匪浅。但杨飞云还是对古典主义油画痴心不改：“随着自己创作水平提高，这一次感觉古典大师的作品，已经不像1986年那次巴黎之行时琢磨不透了。技术层面的表现部分，已经不像上一次那么深不可测了。但是有一种更强烈的感觉油然而生：就是油画那些元素，经过大师们有个性的使用，最后在画面上出现的那种美感，让人心悦诚服。同样是绘画的元素、造型、色彩，但一经大师的妙笔，就好像重新给画面注入了生命。荷兰画家维米尔手掌大一张画，挂在一个大厅里，如果不认真找，很难找得到。但只要找到了，眼睛就不想离开了。而有的作品画得千军万马，人头攒动，技巧也都具备，但就是无法让人感动。”

1989年的欧美之行使杨飞云更加喜欢那种严谨、真实，并富于理想的艺术。欧美之行大有得了真“气”之感，那些伟大的艺术给了杨飞云无穷的动力。对于具象绘画潜藏的生命力和创造空间充满信心。

在畅游博物馆并向大师致敬的过程中，杨飞云眼界更加开阔，思想也更为深邃：那些品格端正、精神崇高的画，一看就是大师手笔。一流大师与三流画家的差别不是技巧上的差别。有时三流画家的技巧更熟练，而大师的画面可能显得技巧还拙一些。但是，二者的画摆在一起，大师作品就是有一股充实和动人的大气，令人百看不厌。

伟大的艺术家们之所以数十年如一日，创作出数不胜数的杰作，我个人认为还是在他们的心灵深处有一种力量在召唤他们，引领他们，使他们坚定信念，不摇摆，不犹豫，作品充满精神性和文化传承性，但即使具备这些要素也还不够。比如荷兰伟大画家伦勃朗中年以前门庭若市，画价不斐。而中年以后，由于大胆变法不被世人所承认，导致画价大跌，生活愈发贫困，亲人也一个接一个逝去，但他对自己艺术上的探索依旧痴心不改。我觉得他内心深处一定有神性力量在召唤他，使他浑身充满变革的勇气。

杨飞云对此也有同感：“我忽然感觉，作为一个画家，仅仅有兴趣、爱好、才能是远远不够的，梵高一辈子卖不出一张画，米勒住在农村，穷得几乎家徒四壁。在读过他们的各种传记之后，再看他们的作品，发现他们身上真是有一种很神秘的力量，这种力量好像单单用精神还说不清楚，它好似真有一种神性的启迪。”

虽然每次到国外看博物馆，都会拍大量幻灯片，买很多画册，但用不了一年半载，杨飞云又觉得眼睛对大师原作充满了饥饿感。1996年，瑞典哥德堡美术馆举办了一次中国当代艺术展，写实画家中杨飞云被邀参展，送展作品是一张人体和一张肖像。到哥德堡参加完开幕式后，杨飞

20. 1989年在美国友人家中

21. 1990年在美国友人家中

22. 1990年在纽约

云的心又变得迫不及待起来。杨飞云告诉我："那次除了去瑞典之外，还去了德国、荷兰、比利时、瑞典、丹麦，回来的时候经过了法国巴黎，几乎对欧洲古典艺术又'复习'了一遍，也看到了许多以前没有看到的原作。这次看博物馆就不只迷恋文艺复兴，因为这个时候文艺复兴时期的作品对我已经没有以前那么大的影响了。而我又不迷恋印象派绘画，那更多的看什么呢？就是看伦勃朗、维米尔、委拉斯贵支的作品。他们的作品是十七八世纪古典油画艺术的最高峰，也是写实主义创作最成熟的阶段。"

"这次看完以后有一个认识，写实绘画是人类积累了几百年之后，通过一步一步的完善，最后在伦勃朗那个时期达到了一个巅峰。伦勃朗是写实绘画的集大成者，绘画的诸多因素在他的手上达到饱和，达到了一种表现的极致，所以我们提起伦勃朗时，都不是伸出一个大拇指，而是伸出两个。"

2000年，杨飞云和著名画家王沂东到巴黎艺术城做访问学者。在巴黎，杨飞云的生活就是在画室里画画，到郊外写生，其余的时间几乎都用来看画廊和博物馆。巴黎所有艺术类博物馆都留下过他的足迹，但去得最多的还是卢浮宫。与大师永远不倦的对话是杨飞云一生的主题。

杨飞云告诉我："所谓经典，就是百看不厌，每次看都有新意，一辈子也看不够，而且随着你的研究和阅历不断深入和增加，对经典总会有更新的理解。"

我个人感觉，作为一个艺术家，如果对大师失去了兴趣，对经典已经麻木，这个人可能就危险了。他其实已经离开绘画，他已经没有敬畏的东西，没有追求的目标了。这个画家的艺术生命就已经停止了。

杨飞云认为，参观博物馆能够让我们看到差距，只有看到差距才能唤醒我们对经典追逐的热情和动力。比如我们在博物馆里看达芬奇的原作，那是达芬奇亲自在画布上一笔笔画出来的，画面上的肌理、信息和最后呈现的效果，都是大师心血的结晶，而且画面上真能感受到大师的气息，俨然大师就矗立在眼前。

文艺复兴三杰的作品已经让人觉得无法逾越了，但过了几百年之后，伦勃朗、委拉斯贵支又让人觉得别有洞天，而且这几百年来，出现的其他大师也各具其妙。杨飞云觉得每一位大师都有很不一样的表现，看每一位大师都会有一种满足感，他在自己开启的那个审美断面上，给你一个很高、很深刻、很饱满的一种感觉。"

"其实说到最后，还是条条大路通罗马。真正的经典无所谓新旧，无所谓强烈还是平和，也没有先进和落后之分，在个性上也没有高下之分，好坏之分。真正衡量经典的标准就是作品自身的水平，只有高水平的杰作，才能传之久远。”从长远来看，有时候很古代的作品，现在看来却很新鲜，而很现代的作品，过一段时间也会成被时间淘汰。高更身处19世纪末的印象派后期，但他并不满足于印象派的外光和色彩，却从原始黑人雕刻、远古埃及艺术那里吸收养分，开创了当时最现代的象征主义的先河。而作为所谓的传统艺术与现代艺术分水岭的毕加索，他的立体主义绘画是从塞尚的基点往前走，从古代非洲雕塑和古希腊艺术那里找到了其滋生的土壤。再看国中名手吴昌硕，绘画上的成就亦主要来源于他中年以后对石鼓文的潜心临摹研究，以至于以书法入画，形成了其凝练遒劲、貌拙气酣的画境。

杨飞云告诉我：“每一次出国参观博物馆，都看得特别认真。如果馆方允许拍幻灯片，那我一定要拍。所以每次出国回来，我都会带回一大堆幻灯片，回来以后不但自己看，还给朋友和学生放着看。边放边回顾，不断触碰传统，触碰大师经典，使自己的眼力不至于掉下来，心灵不至于枯竭，虽然大师的原作、画册和幻灯片看了无数次，但每一次看都非常激动。”“这么多杰作看下来以后，越来越觉得，潮流和特征好像并不是最根本的艺术元素。很多作品在那个时代是有新意，引领时代潮流的，但到今天都成了昔日黄花。而现在看着有新意的作品，可能过不了多久，就会被更有新意的作品取代。所以，我认为，潮流、流派、还有它们的独特性，无非是一个特征而已。真正能够让它们存留下来，能够让人百看不厌，甚至成为美术史上的经典，让人常看常新，是因为它们的内涵，是因为它们具有了一种永不衰竭的生命力。”

真正伟大的艺术是穿越时空，超越民族，而且是超越文字的局限，超越语言文化的局限的。比如拿来一件艺术品，古希腊、古埃及的都行，或者落后的部落的都没关系，甚至没有任何文字记载和相关考古资料的也没关系，我们看见它就能与之交流，而这个交流里面有一种共性，那么这种共性是什么呢？杨飞云坚定地认为，就是能够对人类产生共鸣，能够触动人类的灵魂，激发人的美善真诚的艺术。

荷花屏风 / 布面油画 / 200CM X 180CM / 1995 年

四、问渠哪得清如许，唯有源头活水来

题记：2002年，杨飞云开车带学生到清东陵附近写生。选好一处美景之后，就支起画架，画得非常投入，这时过来几个老乡，挨个看每个人的创作，还指指点点，窃窃私语。后来有个学生就问老乡："我们这些人里谁画得好呀？"老乡们异口同声地回答："还是那个司机画得最好。"

我认识的一些画家，在功成名就之后，都把自己关在画室里面闭门造车了。而杨飞云却要做"自然之子"，去寻找艺术的源头活水。

杨飞云平时总反复地问自己："什么方式才能使得人的精神境界更加提升，更加接近真理？怎样才能使得人类能够在生存方式上有所提升？在心灵的感应或心灵的领悟上有所提升？"得出的答案似乎只有一个，那就是要反反复复地阅读大自然这本书，最深入地研究大自然。法国大画家巴尔蒂斯说过："脱离自然的画家会渴死在泉水旁"，这个话说得是非常有道理的，中国的文化对这一点看得更清楚，更讲究天人合一，这样才使中国的艺术长成了参天大树。杨飞云一直认为要想成为真正优秀的艺术家，那一定要从自然中、从一切贴近自然的艺术中汲取营养。

杨飞云告诉我："其实人类生活由两部分构成，一部分就是人和自然相处的一切事情，另一部分就是人和人相处的一切事情。对于一个艺术家来讲，就是要认真观察这两部分事情，并从中获得创作的灵感。"

杨飞云用"喜乐无边"四个字来形容自己回到大自然的感觉。平时在城里的时候，虽然杨飞云也勤奋作画，但无奈总有各种各样的琐事缠绕。而回归到大自然中则完全是一种纯粹的创作状态，可以心无旁骛，把百分之百的时间和精力投入其中。杨飞云告诉我，感觉自己一到乡下就会有一种平静、本能和健康的状态。

杨飞云有一个比喻非常形象：画家就相当于一个灯泡，而大自然就相当于一个发电厂，灯泡

只有和发电厂的电路连起来以后，灯泡才会发光。

杨飞云的体验就是，一个艺术家不是说20岁以前寻源问道，20岁以后就不寻了。其实作为一个艺术家来讲，如果想让自己的作品永远焕发生命力，那就要永远寻源问道下去。就连达芬奇晚年，他也没有说："我已经做到了。"米开朗基罗、伦勃朗这些大艺术家，他们到晚年的时候，发现自己的艺术才刚刚开始，虽然他们已经到达了别人无法企及的高度，但他们认为在神奇的大自然面前，自己还是一个呀呀学语的幼儿。

杨飞云有切身体会，当他感觉自己灵感枯竭、精神苦闷的时候，或者当创作没有方向的时候，他一定要去国外的博物馆，或者到国内的一些名胜古迹去，甚至还要回到早期的哲学、早期的艺术理论里去寻找出路。当然，大自然更是他获得艺术新生的源泉。到了自然里面的时候，那真是"柳暗花明"。甚至尚且原始的村落里，反而能更多的体验到那种本质、本色，还有生命中最根本的一些事情。

西方人认为，道就是真理，道就是生命。中国人认为，道是自然。自然在这里其实不是指万象自然，是指自然法则、自然规律。对此，杨飞云有着深刻的认识："对于艺术创作，无论是古今中外哪一时期、哪一地域其实都不是最重要的，能否跟得上时代潮流也不是最重要的，真正伟大的艺术品一定是超越时间、超越地域、超越种族，能真正引起人们强烈的共鸣。而要发现伟大艺术品的创作规律，那就必须要寻源问道。寻源问道就是要寻艺术之源，问生命之道。就是要直指艺术的本源和核心问题。"杨飞云提出"寻源问道"的理念：画家最应该回到心灵的本源，去探索艺术的奥秘。而源头不在自己的眼前。"不识庐山真面目，只缘身在此山中"。如果"只在此山之中"，那恐怕永远也认识不清艺术的本来面目。杨飞云理解的艺术的源头就是向自然学习、向传统学习，这是成为一个优秀艺术家的必由之路。

下乡写生，一直是杨飞云师生寻源问道的重要组成部分。没有写生就不可能有油画产生。其实写生，并不是去全盘照抄似地描摹自然。西方油画家把写生定义为书写生命，杨飞云觉得"写"就带有一种节奏的描绘、书写，是带有主观能动性的创造。而"生"呢，当然是生命、生活，活生生的事物。油画发端于此，很多油画杰作也在写生中沉淀、成就和升华。

杨飞云感觉写生对于油画创作，就像一个人吃维他命一样。生命的维他命，缺太多了是不可以的。而对于一个绘画者，间接地在画室里闭门造车，进步会很慢。要直接走进自然，这样才能够自由呼吸、交流、感悟，思想没有任何羁绊，在大美无言中进行创作，才能使自己有较快的长进。如果总把自己关在画室里，整天为画什么而苦恼。感觉总是没得画，情感和审美会越来越枯竭。

挂钥匙的女孩 / 布面油画 / 100CM X 80CM / 1982 年

做的要正看的要远 / 布面油画 / 116CM X 81CM / 2008 年

真性子 / 布面油画 / 116CM X 81CM / 2008 年

杨飞云告诉我："真正到了自然里面，你是画不过来的，离开的时候，你觉得好多东西似乎还没来得及画，甚至根本画不出来。到乡下写生，就会使得艺术家不断地把握什么是重要的，他要控制，而控制的度，画面要表达什么，这些画家心中要有底。而且一到乡下，更原始、更强烈的生命气息就会扑面而来，就会使你精气神和情感更加饱满，从而会真正激活你的感官，激活你创作的潜能。"

到下乡写生和到国外看博物馆，一直被杨飞云看成是对日常生活最好的调剂。如果没有杂事，他愿意一年中的大半年时间就做这两件事情。一到乡下，无论是人和事，还是自然风景，感觉都是那么鲜活，画家的画笔也变得敏锐和生动起来："就是你来不及改，对就非常对，错就是错了，你来不及在画面上磨蹭，说这一张不行就来下一张，写生真得非常考验画家创作的真实能力。"当画家的作品不是在画室里"制造"出来的，不是慢慢地推敲比划出来的，而是凭内心深处的感觉和感动创作出来的，是根本的下意识，有点像我们说的神来之笔的味道，是自然而然出来的意境。

杨飞云感觉心在远方的时候，才更能看清自己的现状。到博物馆里面看历史的时候，真能反观到现在画家的现状，看到自己的现状。看到经典作品的时候，特别是看到年代很遥远的大师作品的时候，会对自己的创作有一个更清醒的判断。

杨飞云告诉我："下乡还有另外一些好处，一是我不喜欢一个人下乡，一般都是和志同道合的朋友、学生一起下乡。哪怕是一些刚入学的学生，只要带着一颗诚心，我感觉我们之间就能互相激发，甚至可以切磋。"

白天在外边画了一天，画得很激动。但有的时候就可能在一些研究层面上有所欠缺，使得你自己的水平很难提高。所以晚上杨飞云师生还要做一点功课，把白天的写生都摆在院子里，互相品评，这样就会形成一个很好的学术氛围，而不至于在乡下把自己变成一个地地道道的农民。

"下乡创作，不是说只从心里挖掘什么，而是在那么丰富的生活里面，你到底发现了什么？归根结底是训练一种发现能力。在乡下住一段时间，你就会感觉，去的时候可画的东西少，回来的时候可画的东西越来越多。"

杨飞云告诉笔者："我下乡还有一个情结，因为我自小长在乡下，到17岁才离开。而且祖父和外祖父家都是很地道的山西农民，是受儒家传统文化熏陶很重的那种农民，他们是后来迁徙到内蒙古的，所以在骨子里我有很深的农村情结。"

小时候，杨飞云生活在包头郊区，那里背靠大青山，不远处就是黄河，视野非常开阔，而且北风遒劲有力，阳光灿烂毫无遮挡，给人一种洋洋大气的感觉。其实那时候，各家生活条件都很差，但是杨飞云和小伙伴们在河道旁、山脚下、丛林里尽情玩耍，一点都不觉得苦，反而充满诗意，不时被变幻的阳光、云彩和五颜六色的花草所迷住。虽然贫瘠，但是美好。直到现在，杨飞云回忆儿时的生活时依旧充满了亲切感，并且他总能沉浸在人与大自然的那种奇妙的关系中，甚至对农民养的猪、马、牛、羊，都充满了感情。杨飞云深有感触地说："这好像人的胃口一样。小时候妈妈给你做的那些东西，不见得好吃，但这一辈子你肯定就爱吃那些东西，这就是人的口味。我对农村生活的热爱可能就是我的口味。因此我在下乡的时候，无论从情感的投入和激发上都特自然，尤其是到华北和西北的农村，就是那种到家了的感觉。"

带学生下乡，那种感觉回忆起来特别亲切。而杨飞云对学生时代老师带他下乡的情景更是历历在目："有一次钟涵老师带我们去北京西南的戒台寺下乡写生。师生20多个人挤在一个大通铺上。白天画画，晚上回来，就把画挂在自己睡觉的脚边上，钟涵老师慢慢地走过每一个学生身边，点评每一个学生的作品，特别深入浅出，也特别动情。钟涵老师知识面宽，讲话也幽默，不但画得好，而且教得也好。所以听他点评以后，每一个同学都反复琢磨老师的评语，翻来覆去睡不着。往往是钟涵老师最先睡着，酣声大作，大家更是睡不着了。不知道是谁带头，就开始此起彼伏地学钟老师的酣声。而且学得有点过，居然比钟老师的酣声还响。这一下子可好，居然把钟老师吵醒了，他坐起来，电灯晃得他怎么也睁不开眼：'怎么回事？怎么回事？怎么这么吵？'大家想乐不敢乐，只能憋着。"

"钟老师年纪大了，大夏天在室外画了一天画，已经很累了。我们是小年轻，说说笑笑，恢复得快，也不觉得怎么累。钟老师躺在一个绿色的花被窝，他把穿着裤衩的一条大腿露出来，从被窝上看，大腿的皮肤特别白，色彩好看得不得了。那时我们正在学色彩，画得着迷了以后，看什么东西都是色彩，对色彩的感觉特别敏感。而且那时候我们刚刚开始画人体，下乡画风景、色彩，大家看钟老师这皮肤的色彩，就激动了，觉得这块颜色真好看。大家就你一言我一语，探讨怎么画，但只要钟老师在花被窝里稍微动一下，我们就会吓得一激灵。"

在戒台寺"安营扎寨"之后，杨飞云总感觉自己白天没画好，晚上会经常一个人出去走一走，认真反思一下，自己为什么没画好？有时走着走着，就感觉万籁俱静，好像天地万物都隐藏起来了，只有银色的月光撒满村头、田野，那么朦胧、恬淡，很容易勾起诗情画意。每一次散步回来，杨飞云都要借着昏暗的灯光垫着小画箱画上两笔他心中的月亮。

"我已是沸腾的海洋，你却是冷静的月光。你明明在我心中，却高高地挂在天上。"杨飞云每天一大早起来，都要根据自己的记忆，在自己画的月亮上再补上几笔。而无论月亮挂得多高，他都对月光女神充满激情。

为了不影响同学们休息，杨飞云还经常跑到路灯底下画画。那时的路灯，泛着黄光，都很浑浊，并不时有蚊子"光顾"。画完了以后一看，颜色全都画得不对，但黑白关系都很好。即使这样杨飞云还是感到心满意足，因为自己又过了回画瘾。

大学三年级时，杨飞云和同学朝戈、高天华、吴小昌去呼伦贝尔大草原一个叫波利亚特的地方。那是一个部落，有独特的民风和乡俗，他们跟当地牧民借了一个"勒勒车"，那车是木头轮，一匹老马驾辕子。那匹马特别老实，脾气温和得不得了，但老马识途，在一望无际的大草原上，它总能找到回家的路。杨飞云他们每天早起一出门，都会远远地看老马一眼，老马也在看他们，然后就拉着它去遛。杨飞云他们有时候还给它吃点带的干粮，趴在它耳边低语几句，老马也

山西女孩 / 布面油画 / 116CM X 81CM / 2009 年

好像心领神会地点着头。

杨飞云回忆起那段往事，眼角眉稍都满含笑意："有一次我们去参加当地婚礼，要走很远的路。我们赶着马车，在大草原上慢悠悠地走啊走啊，大草原上，四周空旷、开阔，百灵鸟在欢唱，金色的阳光，还有镶着金边的云彩，满地开满野花，偶尔能见小溪缓缓流过，又清澈见底。在这样的天高地阔中没有人不放声高歌的，我们坐在马车上面也敞开嗓子大唱特唱，虽然唱得肯定特难听，但还是高兴地唱个不停。""正唱在兴头的时候，从远处草坡深处跑来两只大狗，感觉比藏獒还要大，跑过来之后，就非常凶地冲我们狂吠。吓得老马也不敢走了，我们怎么打它也不走了，这两只狗就往车上扑，可把我们给吓坏了。朝戈拿着画夹子，我牵着马的缰绳，看着两只狗目露凶光的样子，真不知道该如何是好？这个时候也不知道狗的主人是从哪儿冒出来的，骑着马飞也似地横在马车前，两只凶狠的大狗一见主人来了，立马哑了火。一场虚惊以后，我们终于赶到婚礼现场。

女人像 / 素描 / 57.2CM X 43.7CM / 1999 年

“一去了就唱歌，牧民们向我们献哈达，给我们端上银酒杯，左一杯右一杯地敬我们，我们不喝都不行。他们一次就敬三杯酒，一杯下去我就觉得天旋地转。蒙古包里面都是酒瓶，牧民们也不就着什么菜，聊着聊着就拿出来喝几杯，接着就又唱又跳，然后再喝，直到喝得不醒人事。我三杯酒喝下去就躺在草地上傻乐。真正到了晚上唱歌，吃烤全羊的时候，我早就迷迷糊糊的了。他们吃得香香的，就往我嘴里塞一块，但我不知道是什么滋味，而且一直把那块羊肉在嘴里含着，睡醒了还含着。说是参加人家的婚礼，但由于一去就喝醉了，新郎新娘长什么样，我都不知道。”

“一去几个月，牧区没有办法洗澡。回来的路上要碰到一个水泡子，我们毫不犹豫地跳进去。远处还有女牧民在那里打水、嬉戏，想起来真是很逗。”

“在回来的路上我们还赶上了一场暴雨。黑压压的一片乌云，仿佛要把整个草原压瘪。冰雹夹着暴雨倾盆而下，草原上没有树也没有房子，我们被冰雹砸着，被暴雨浇着，无处躲藏。我们拼命赶着马车，下到一个坡底就看不到方向了，老马也迷路了。暴雨不知下了多长时间，黑云才慢慢散去，天边也露出一点亮光。这时我们冻得浑身哆嗦，精疲力尽。但还是像躲过一场大劫似的，在马车上又唱又跳。”

“有一天我们坐在马车上转悠，寻找一处风景写生。在马车上，我们有说有笑的，哼着那些学会没学会的歌曲。这时，朝戈突然说了一声‘不好’，朝戈是蒙古族，在牧区曾经生活过一段时间。他这一声把我们吓得一激灵，我们还没来得及往马车下跳，驾辕就散架了，还砸在老马的脊梁上，马车一下子就立起来了，老马受了惊，后腿就踢辕子，前腿就立起来，开始狂奔。我们怎么抓缰绳也抓不住。那么老实的一匹马，没想到它会惊，惊了以后那么吓人，怎么都揪不住，车散了架，被拖了很远。老马连踢带跳，把我们都甩下来了。”杨飞云坦承：“我很少骑马，也不敢骑快了，骑马走慢了很难受，上下很颠。好的骑手一般都是拿腿夹住马肚子，半站在马鞍上面，像我这样所谓的骑手，骑上两个小时，裤裆就会磨破了，非常疼。但牧区生活自由、奔放，对艺术家来讲充满诱惑。”

到乡下写生总是趣事不断。据杨飞云回忆，有一次，他们到河北蔚县写生， 转来转去终于发现了特别好的模特：一个农村老汉头发特蓬松，乱乱的，留着半大胡子，穿着粗布衣服，正在田里干活。刚开始，老汉死活不同意被画，经不起杨飞云师生软磨硬泡，终于同意第二天当模特，还选好了地方，谈好了报酬。第二天一大早，师生们起了个大早，支起画架，调好颜料，各个磨拳擦掌，准备大干一场。但老汉左等不来，右等也不来。等了半天，终于来了，师生们却有些认不出来了：老汉头发也剪了，胡子也刮了，穿着崭新的衣裳，皮鞋也擦得锃亮。师生们顿时无语，真不知该如何是好?

学油画男生多，女生少。有时候，杨飞云带的班学生全是“和尚”，“和尚”们在一起，步调还真很容易一致，在乡下画画，大家吃的喝的，作息时间都一样。吃完饭，要说撒尿，就站在田埂上一排，同时撒。杨飞云说到这里，眼角眉稍满含笑意：“你看他们真是好玩死了，连撒尿这事都一样。”

说归说，笑归笑，杨飞云对下乡写生这事还真深有感触：“乡下写生有点像骑生猛的烈马，你制服不了它，最后可能就被它给撂在那了。即使你动用了平时的积累，很认真地准备，但也有可能画得很失败，被‘烈马’撂到地下，摔得鼻青脸肿。你想，你看到一处令你动情的风景，让你激动不已，然后一阵急风暴雨似地图画，画完了一看，一塌糊涂，毫无可取之处。而且经常是选好了景，支起画架，刚刚挤上颜色，一场大雨，或者一阵强风，把调色板淋湿了，刮掉了，景色全变了。所以在乡下写生什么事情都可能碰到，充满了未知，也充满了挑战，但这就是对画家最大的诱惑。”

“所以在乡下写生，千万不能优柔寡断，也不能感觉含糊。要画在当下，抓住了就抓住了，抓不住就被‘烈马’耍弄了。所以越在变化丰富的大自然面前，越是要能够从规律上抓住，寻找其内在原则，才能够真正捕捉到你所要画的物象本质。”

每天晚上散步，是大家心情最舒畅的时候。漫步田野、巡行乡间，在星光斑斓下放歌，在惠风和畅中漫聊，听着各种鸟儿和虫子的叫声，感受着大自然的脉动和心跳，杨飞云师生用感官、用心灵、用画笔尽情地探索着大自然的奥秘。杨飞云告诉我：“我们一帮人晚上出去散步，感觉太美妙了。一路上虽然是闲聊，但有时我们当中不知道是谁就会突发灵感，说出的话振聋发聩，掷地有声，非常有学术含量。”

1999年春天，杨飞云和学生们去北京郊区平谷画风景，那时候风景他画得少，但发现自己对风景非常着迷。2000年，杨飞云和芃芃，还有著名画家王沂东住在枫丹白露的小旅馆里，开始画那些世界上最优雅、静谧的风景。后来，芃芃和杨飞云还专门到俄罗斯画风景，俄罗斯大地那种大气宽广、深沉忧郁也深深地震撼着他们。

杨飞云虽然是一个人物画家，但他总有个梦想，就是什么时候痛痛快快地画画风景。他告诉笔者，在习画之初，凡是看见感觉美的东西，手就痒痒，就忍不住要画。那时，每到春华秋实，杨飞云都会约上三五好友，去田野写生。虽然，不时感觉会力不从心，但他那时候就暗暗发誓以后一定要找到画风景的办法。

在千禧年之际，中央美院派杨飞云去巴黎艺术城研习半年。这使杨飞云有更多的时间在大师原作前精研细磨，在巴黎的城里城外，面对人世间最完美的风景写生。经好友引荐，杨飞云在西斯莱人生最后18年居住创作的地方住了18天。这是建于12世纪的小镇，位于枫丹白露，古朴美妙。都说风景如画，但杨飞云却觉得画不如景。真不知道是西斯莱选择了这美景，还是这美景生出了西斯莱。只能感叹上帝创造了这妙境，还又创造了表现妙境的巧手。随处可见大师画过的景色。不仅领略了大师的慧眼与表现力，还得到了一个实地学习的机会。面对瞬息万变，丰富广阔的自然景色，若不得理法，不能穿越表象，进入内在构造，合理取舍，几乎无从下笔。记得初习风景时，激动与紧张被无数细枝末节缠累。一阵急迫的涂抹之后，留在画布上的是一堆堆颜料而不见风景。而画得多了，研习进去之后，才慢慢体悟到，无论多么奇异变幻的景色，内在必有秩序井然的规律可寻。画风景的过程是不断地体会大自然散发出来香气的过程，也是净化心灵、锤

23. 1991年在德国科隆大教堂。

24. 1991年在法国奥塞博物馆。

25. 1986年在法国。

26. 1990年在荷兰阿姆斯特丹 布朗的《夜巡》前。

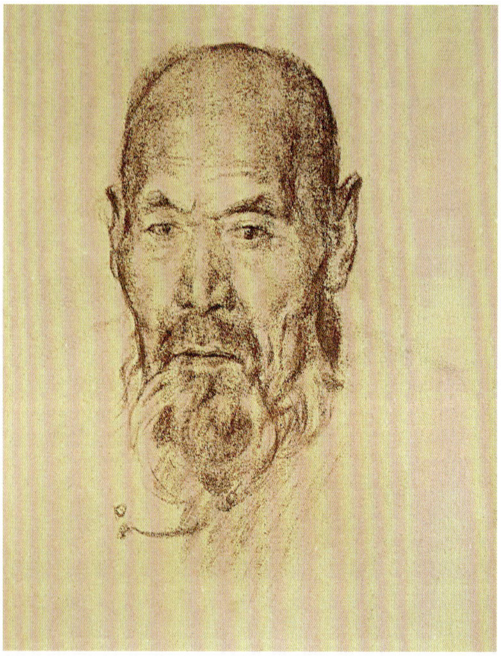

老人像 / 素描 / 130CM X 120CM / 1986年

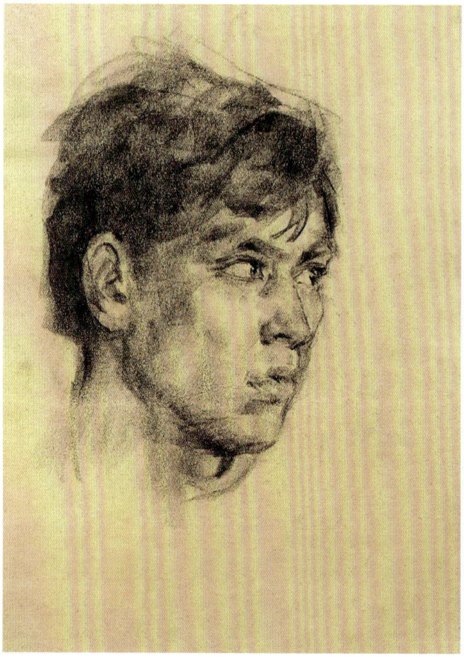

青年像 / 素描 / 130CM X 120CM / 1986年

炼画艺的一种方式，确实是自由、开阔、博大而超然的体验。

杨飞云总结写生的经验，还专门写了一篇文章《写生的恩赐》。艽艽也觉得他的创作得益于写生。她告诉我："写生挺考验人，要是拿照片，出错可以慢慢改。而模特就在面前，这就需要下笔基本准确。拿照片画有它的局限性，你想，一张照片对你的感受和一个活生生的人对你的感受那肯定是差多了。现在飞云可喜欢画老农了，去年去陕甘交界，一去就是50天，很多人都挺喜欢他这批画的。"

我曾采访著名画家、原中央美院副院长孙为民，在采访中他也感叹："现在一些农民基本处于半吊子状态，说城里人不像城里人，农村人不像农村人，真正可画的农民越来越少。"其实，我早在二十年前，上大学时就感觉，一些来自农村的同学更蔑视农民的出身。我们城里去的学生，同他们说话都小心翼翼，生怕伤了他们的自尊。但他们互相之间开玩笑却肆无忌惮："你这农民！”我就觉得他们骨子里对农民的身份充满了不屑。虽然我们绝大多数人往上倒三辈都是农民，但最应该记住的却最容易被淡忘。而杨飞云正是用画笔，为我们保存住了份记忆。看他某些画老农的作品真有一种找到根的感觉，那些淳朴善良的老农，有时真能激活我们灵魂深处关于祖辈的记忆。

杨飞云画的都是农村老汉，老太太基本没有，这是为什么呢？对此，芃芃给出的答案是，他对老汉比较有兴趣，一是老汉有更鲜明的特点，另外一点就是农村老太太都特忙，要不忙家务事，要不就扎堆“东家长西家短”，根本就没时间让你画。每一次杨飞云下乡写生都做好充分准备。他选择写生的地点大都是比较偏僻落后，保持淳朴民风的乡村，他在那里似乎更能找到感觉。而且，每次下去之前，都会有当地认识的人先去踩点，把食宿安排好，真正做到“兵马未动，粮草先行”。杨飞云每次下乡都会带很多学生，大家同吃、同住、同画，教学相长。他们下乡写生往往都是在夏天。一到“根据地”他们就赶紧做外出写生的各项准备。然后，就出门到处寻找可以写生的对象。很多时候，农民在村口晒太阳，聊天，一眼被杨飞云师生看到了，就‘抓住’人家不放，左说右磨，让人家给当模特，付给人家报酬。杨飞云一到下面就亢奋，白天特别充实的画一天，有的时候晒得不行，打上伞在太阳底下画。

芃芃告诉我，他们去的很多驻地既没有电视，也没有电话，几乎与世隔绝。画画儿乎成为生命中唯一的事情。他们每天都会背着沉重的画箱在大太阳底下走很远的路，找到写生对象之后，又会支起画架，一画就是大半天，辛苦可想而知。但每次从乡下回来，杨飞云都会变得又黑又胖，而芃芃会变得又黑又瘦，可是感觉身体特别好，精神也为之一振。

芃芃谈到这儿的时候，我突然有个想法，随口问道：“你们下乡的时候，杨老师有没有突然想起来要画画你？”芃芃断然回答：“到农村画我？那不可能。那么多人和风景都画不过来，生怕错过去。而且那样画一天，有的时候把模特都累得不干了，根本就没有精力再画了。我觉得这样把劲儿使出去是最好的，在大自然中，在最朴素的地方，面对着最心爱的画布，倾尽所有。”

在黄天厚土上，在窑洞前，杨飞云师生挥汗如雨，生命力和创造力都异常旺盛。他们去陕北写生的时候，有的时候窑洞光线实在太暗，只能挪到场院里去画。在场院里无论吹着多干燥的热风，顶着多高的太阳都要坚持。而模特们虽然是土生土长，但人家没必要陪你受这个苦呀，画着画着人家就不想干了，这时候又得苦口婆心，劝人家回心转意。

芃芃告诉我：“我们前年去甘肃青城的时候，当地的老人们都坐在院子里，打扑克，一堆一堆的，人都挺善良。但就是不愿意让你画。我们就想方设法动员他们。人家觉得干吗让你画呀？人家有自己的生活，又不稀罕你这点钱。最后，我们还是用真情实意打动了他们，陆续都给我们做模特了。但只有一个老汉始终无动于衷。只到临走的头一天，老汉突然改主意了，特爽快地给我们做模特了，而且还不要一分钱报酬。按老汉自己的话说就是这么多天看下来，感觉我们确实也不容易。以往，杨飞云到乡下画小速写比较多，但现在下去，开始画得比较大了，他就想画得稍微完整一点，就作品性质而言，就变成非常正式的创作了。而且请当地农民当模特，吃苦耐劳的大概能坚持两天。”

“杨老师选模特有没有什么特点？他一般喜欢选什么样的人做模特？”我不禁问道。芃芃说：“我觉得他喜欢选的模特，他画的人倒不是形象要多端正，多漂亮，但看上去一般都很善良的，而且要经历过风吹雨打，有生命年轮的痕迹。”

杨飞云为什么喜欢画老汉？我感觉就是这些老汉饱经风霜，又那么坚韧，满脸写满沧桑，又未被艰难困苦的生活打败。他们在默默承受中展现出祖辈做人的尊严。

其实人的心理与情绪决定着他所关注的东西，对不感兴趣的事物会视而不见。绘画是视觉艺术，必须经过观察所得。而观察有三个层面：生理层面、心理层面和哲理层面。你对事物的认知程度与喜好决定你观察的角度与深度。个性、趣味与偏好是属于心理层面。超越个人心理的偏好与局限，才能越过事物的表面，生出智慧，贴近真理，看到事物的本质。伟大的艺术都到达了此处，进入了哲理层面。

14、15世纪文艺复兴是世界史的重要分水岭，加上16世纪的宗教改革，17世纪笛卡尔的理性主义和18世纪的启蒙运动。这四大思潮肃清了中世纪的意识形态，在绘画发展的历史中通过绘画语言记录了这一变化。从文艺复兴到十九世纪末，绘画语言的外部特征没有脱离模仿的表象，模仿论仍然是一种对绘画语言外部形态的主流认识。期间的很多理论家和艺术家都表达过这一观点。

达芬奇认为，“绘画是一切自然界可见事物的唯一模仿者”。17世纪法国哲学家狄德罗认为，“如果认真仔细模仿自然，就根本不会有什么矫揉造作”。随着后印象主义革命的开始，西画史上开始了千年未有之变局。后印象主义者开启了一个主观表达自然的斜坡并使后来者沿着这个斜坡一直走到现在，似乎主观的表达自然已成百年绘画之主流。而在此之前的主流则是客观的表达自然的“模仿”。杨飞云告诉我：“写实绘画的精神动力和美学归宿，我们不能简单地归结为模仿论，如果我们仅仅把后期印象派之前的主流绘画概括为‘客观的表达自然’，或把写实艺术等同于‘客观地表达自然’都失之浅薄，因为美术史论是语言文字对艺术现象的一种转化，难以深入到写实艺术的实质，因为写实艺术中属于艺术的那部分，语言无法言说，文本无法转化。”

山水 / 布面油画 / 130CM X 120CM / 1986 年

狄德罗在《狄德罗美学论文选》中提出："谁为了自然而忽视历史，他的作品就会小器、贫弱、猥琐；谁为了历史而忽视自然，他的作品就显得冷漠，缺乏生气。"历史与自然的关系，互为因果，密不可分。杨飞云一直坚信，画家必须摆正历史与自然的关系，必须从历史文化与现实生活中获取双重营养，这样才会有远大前程。

老子云："人法地，地法天，天法道，道法自然"。杨飞云理解"道法自然" 、"师法自然"，就是去深入体会自然精微的妙处，体会无限丰富且令人陶醉的大千世界，并从中汲取最宝贵的营养。杨飞云认为，每个人都有自己独特的一双眼睛看这世界，这也就有了北宋山水巨匠"李成之画，近视如千里之远"、"范宽之笔，远望不离座外"的画境。收拾起自己时而宁静时而纷乱的心，去面对自然，去做一个谦卑的学习者、研究者，尽力去理解和掌握绘画的根基，这是杨飞云的理想，也是他的志趣所在。

谈到乡下写生的领悟，杨飞云说得特别生动："真正要说在绘画上领悟，其实大多数都是偶得。你画了一阵子，突然有一天，你特别激动，或者光线变化很快，你要画得很快速，那你就必须把握物象的特征，而且画完以后，你可能就会突然发现自己画的东西比以往画的更感人、更有神采。最后彻悟，自己绘画的状态应该是这样的，所以'偶得'的时候，往往是你给自己一次飞跃。

下乡写生是锤炼画家观察与创造，理性与情感，品位与胸襟的最佳途径。没有激情的理性是无生命力的，而没有理性的激情是无序而狂乱的滥情。而观察方法的锤炼决定着绘画的水准，观察角度的选择决定着画面的特点。所掌握的绘画因素决定着你的表现力度。

南朝（宋）王微在《叙画》中所言："望秋云，神飞扬，临春风，思浩荡"。而法国大画家德拉克洛瓦更是将其形象化："当我们观察自然时，画面通过我们个人的想象力创造出来。我们在风景中看不到个别的草茎，在美丽的面容上看不见皮肤的起伏水平。我们的眼睛有巧妙的能力，它不去注意那些无数的细节，只接受她该接受的东西。"观察事物、观察自然是画家的看家本领。杨飞云认为，画家的眼睛要能进行创造性审美，要有一种落在实处、有所升华的情感体验。写实画家所关注的对象是具体而又真实的，它来源于自己所能感知到的世界和自然。虽然从自然中寻找画意激发我们的创造性固然重要，但杨飞云一直强调，更重要的是画家的追求和体悟不背离绘画自身所特有的规律。

2007年夏天，杨飞云带学生去北京郊区十渡写生。有一天，他正坐在水塘边画画，忽然发现天边飘过来一块云，而他的构图正好有这个需要，于是他很快地抓住它并把它画了下来，之后那

2002年在台湾写生

云就飘走了。随后，一个学生跑来看杨飞云的画，看了之后就惊呼："哎呀，杨老师，你画的这块云真好看，你是怎么编上去的，我怎么都没想到也画一块云呢，这样构图好看多了。"当时杨飞云就想："我哪里是编造的？如果风不把云吹过来，我也画不上去。至于说我的构图上有这么一种需要，那也是正好飘过的这片云，打动了我，使我觉得美，才把它画在画布上。"

思古 / 布面油画 / 146CM X 97CM / 1994 年

五、天地有大美而不言，四时有明法而不诲

题记：2007年，石良陪杨飞云去西班牙考察，回来的路上石良给杨飞云讲了美院同学赵半狄的故事。赵半狄拍了一组照片，并为每一张照片都配了图注。其中有一张照片是拍他在巴黎坐地铁的情景。图注配文是：“就是我这样的人，到了巴黎也不得不坐地铁了”。想着赵半狄坐地铁时的搞笑神态，师生们就乐得前仰后合。但更好笑的事情还在后边。

在回酒店的路上，师生们走进一家时装店，想挑几件衣服。但杨飞云挑着挑着就把一顶礼帽就戴在头上了。石良他们发现杨老师戴上礼帽以后非常绅士，但杨飞云随后又突然来了一句：“其实像我这样的人，到了马德里也不得不戴礼帽了”。把石良他们笑得肚子都疼了。《庄子.知北游》曾云：“天地有大美而不言，四时有明法而不诲，万物有成理而不说，”画家真正的悟道妙亦可言又妙不可言。

石良觉得现在跟杨老师的关系慢慢变得越来越立体了，超越了一般意义上的师生关系。一般的师生关系是指在大学毕业以后，跟老师的关系就是永生难忘的师恩。而石良感觉杨飞云对他的影响更丰富、更有内容。

看一个艺术家最后能走多远，跟这个人做人是有关系的。人要立不住，在艺术上也很难看好。可能这同美院的传统有关，就是上一代人确实对下一代人都有很深的影响。石良觉得杨老师把美院好的传统比较充分地体现出来了。石良对我说：“这些年杨老师的艺术成就被社会，被美术界认可，他自己也逐渐感到身上有一种责任。他一直有一个愿望，希望在他这一代能够把美院优良传统继承下去，并传承有序。他已经把这当成自己的一个信念了，是除去创作之外的一个人生理想。我们也是受他这种精神感染和鼓舞，才聚集在他的身边。我觉得，除了艺术成就之外，在做人上杨老师对我有很强的感召力。”

有的人可敬但不可爱。有的人可爱但不可敬。有的人既不可爱也不可敬。而在杨飞云的学生

湖水 / 布面油画 / 115.5CM X 81CM / 1991年

石良眼里，杨老师是又可敬又可爱的人。石良告诉我："杨老师的幽默不是做出来的，他不轻易地流露，你跟他在一起很放松的时候就是不看博物馆，不谈艺术，处于很生活的状态。他是一个很生动、很鲜活和很可爱的一个人。""我们和杨老师在有些问题上，看法不一致的时候，都能很畅快的把自己的想法讲出来，他也很愿意听到和他不一样的意见，他也真能听得进去，只要你说得对，他还真能按你说的去做，这是他很可贵的一个地方。"

杨飞云告诉我："我内心深处是非常感恩的。当初考上了中央美院，正赶上文革后中央美院招收第一届学生，而这时中央美院的老师们也都'靠边站'十几年了，他们也憋了十几年。他们有一种把自己所知道的一切都传授给学生的饥渴感。这个时候，我能够来到中央美院，真是幸运至极。”中央美院的风气不是由哪一个人或在哪一天形成的，好像由来已久。如果追溯，那就得追溯到中央美院前身北平艺专。杨飞云认为，中央美院风气的形成是东方和西方两大文化根源共同作用的结果。从老师们身上体会东西方文化如何融合，老师本身就是这种融合活的见证。这也为杨飞云和他的同学们的“油画本土化”探索奠定了坚实的基础。“美院有一种非常有形的东西，就是说在大家心目中，都有一套通行的艺术标准，即什么是一流的，什么是末流的，什么是美的，什么是不美的，什么是雅的，什么是俗的。它不单只是从技术层面，而且还从文化、品格层面，从道德精神层面来评判。当然，所有问题的核心就是立人立本，这是艺术的核心价值观所在，也是中央美院的魂。我的父亲和祖父都是教师，他们从小就对我的做人有严格明确的要求。我们家是从山西移民到内蒙古，虽然到了内蒙古，但中原文化理念，正宗的儒家精神，我都耳濡目染。所以从小受到是那样的一种教育，后来进中央美院又是这样一种熏陶，其实两者非常合拍。”

一进中央美院杨飞云就感觉以往自己画的东西特业余，就是凭着感觉画，虽然画得也很熟练，但是有很多夹生的东西。但进了中央美院后，杨飞云从在老师的指导下开始了一项一项的艰苦专业训练：解剖问题、透视问题、色彩关系问题、整体构图问题，所有绘画所必须解决的重要问题。通过在美院循序渐进地学习，从业余到专业，杨飞云整个人接受了彻底的洗礼，也迈出了他走向优秀画家的第一步。杨飞云感觉中央美院老师的教学特点是因势利导，顺水行舟。老师的教育似乎不是强加给学生的，而是根据学生本身的特点和条件因材施教。为此，杨飞云还有一个非常生动的比喻：美院老师就好像教学生骑自行车的人，他在后面扶把，他让你看前面，让你全身协调，告诉你一些要领，但是他只是辅助你，而真正骑车的人还是你自己，直到有一天你不需要老师在后边为你扶把为止。这就是杨飞云理解的中央美院的教学模式，这种模式让杨飞云受益匪浅。

中国古语云：“从善如登，从恶如崩。”杨飞云对此深有感触：“还有一点，老师其实不用讲多少话，中央美院无论是国画专业，壁画专业，还是油画专业的老师，他们身教胜于言教。你看到这些老师，再想到他们的成就，其实是合一的。如果一个人品质很低劣，而他的艺术才能很高，基本上是不存在这样的现象。老师们的人品和艺品都令我感佩，而我儿时又受到儒家文化的教育，性格又比较稳健、内向，而且追求光明和正确的事物。所以，从美院毕业后，我又去教书育人其实是再自然不过的选择。”

《易经》云：君子进德修业。杨飞云从中央美院老师的身上发现了他们的共性，即艺术家的社会责任，学术责任、学术品格和学术理想的高度统一。并矢志继承他们的事业。

回忆起与老师交往的点点滴滴，杨飞云充满了深情：“靳尚谊先生可能是对我平生影响最大

风景 / 布面油画 / 33CM X 46CM / 2009 年

的一个人。他的教学实在、有效。而且最关键的是，他教给我如何遵循艺术规律和逻辑规律。他是一个真正的理想主义者，总恪守一些原则。可能我的性格和他不一样，但是我觉得无论是从做人还到从事艺术创作的态度、方法，他对我的影响都非常深远。”“詹建俊先生做人和创作都磅礴大气。从那种表现的角度来看比较强烈、比较耿直、比较豪迈，他总是追求一种大刀阔斧，非常博大的品格。詹老师的这些品格也深深地激励着我。中央美院这些老师有使不完的热情，而且永远都在研究学习，有使不完的劲。在那里，人的才情、想象力和创造力都能被充分地被调动出来。”

在教学中，杨飞云比较强调打根基。可讲多了，学生们会有反感，嘴上不说，心里会问：“打基础，打到什么时候才能搞创作？”当然认识事物有一个过程，以前他自己当学生时也一样。其实还不只是基础的问题，一些其他的问题，学生受潮流的影响，也有误区。而且人一旦有了思维定式，很难扳过来，这是一个不容忽视的问题。

在美院读一年级的时候，他理解画得好的素描，是把构造画得很清晰的素描，对全因素的东西不感兴趣，甚至认为那是多余。记得先生在课上老是强调要注意层次、注意光影、黑、白、灰。他当时心里还有点反感。素描课就是素描课，要色彩干什么？后来上色彩课，老师经常讲，色彩要画在形上，要落在空间里。那时觉得讲色彩不谈色彩，干嘛总要强调素描因素。可今天看

风景 / 布面油画 / 33CM X 55CM / 2002 年

这个问题，素描要是没有认识光影，没有把黑白灰放在形体空间里，肯定是不完善的。而如果不了解素描里的全因素，这种写实的油画也没法完美。又如过分强调色彩的作用，画面上忽视造型的因素，那也是没有力度可言的。人生有不同的阶段，学习也会有不同的过程。过程中认识有偏激，犯不全面的错误，走点弯路是不可避免的。在老师的指导下能不断地修正错误才是关键。

1982年，杨飞云中央美院毕业，被分到中央戏剧学院去当老师。1984年，杨飞云重回中央美院，在靳尚谊先生任主任的一画室当老师。杨飞云告诉我："我个人感觉，那时虽然当助教了，其实是又重新当了一遍了学生。我回到中央美院一画室教学，我觉得好像是命运里面有安排的感觉，根本不是自己能选择的，或者完全靠自己的努力争取来的，或许可能是天意吧。我真的心存感激。以往当学生时，对色彩问题，色彩原理和体系等问题都不够重视。毕业后，才知道解决这些问题的重要性。"

一回到美院当老师，正赶上石良、李贵君、夏星他们这个班，这个班里面大多数学生都是中央美院附中在恢复招生后招的第一届学生，紧接着又考入中央美院，所以生源质量非常好，杨飞云和他们感情也最深。基本上是跟他们又重读了一回本科。每天他们在画室里面画画，完成作业。杨飞云也跟他们一起画作业。有的老师到画室来见杨飞云和学生一起画作业还说："老师怎么能跟学生一起画作业呢？"然而杨飞云一看学生们画得那么起劲，自己就手痒痒，而且他总觉得大学四年学的知识和技法还不够扎实，还需要温故而知新。杨飞云当时带着这样一种心态，即把原来没学好的知识，还有原来应该进一步解决的问题，利用这么宝贵的机会，再重新学习一遍，再认真解决一下。所以他不但和学生们一起画作业，而且还跟他们下乡写生，在一起相处得像亲兄弟一样，这就是杨飞云当老师开始的状态。

以往老师教的知识，杨飞云基本上是换一种语言的方式，也来教授。但是杨飞云感觉，同样的知识，由靳先生、詹先生他们讲，每一句好像都掷地有声，都是金玉良言。而他讲的时候，学生就是听不进去。这是为什么呢？杨飞云左思右想，终于明白了一个道理：是自己画得还不够好，所以讲话就绝对没有力量，没有影响力。从那时候起杨飞云就更勤于画画，并更多地跟同学平等讨论。

杨飞云告诉我："当老师以后，你前面坐着学生听你讲课，那你就要对讲的东西负责，就会自然产生压力。如果你的课讲得空的话，讲得虚的话，那你自己也受不了。所以教学当中就会有使命感。"杨飞云从来不主张老师迎合学生，鼓噪学生膨胀自我或放任自流。也许现在你迁就他，他会觉得老师能理解他，很好。但是，这样一来却害了学生。在本质问题上，做老师的就要直接跟学生说，根基问题你只能这样那样去做，如果不这样，你在艺术上你就站不起来。

艺术不好教，只能因人而异地去引导学生，老师能做的只是为学生在根基上建立一些东西，至于造化，其实那是"师傅领进门，修行在个人"的问题。学生在学习中，除了从教师那里吸收营养，更应学习经典，亲近自然，去掌握绘画规律，贴近创作原理，从而使自己具有实质上的能力。

"自知者明，知人者智"。杨飞云时常提醒学生，要学会用自己的眼睛去观察捕捉对象，表现力求朴素、练达。要找到属于自己审美的眼睛，要善于清醒地认识自己。因此，要成为一个好画家必须明智。

历史上中国和西方的教育体制基本上是作坊制，而现当代西方的教育体制是教育负责制，中国现今的学院教育体制与这两者都有所不同：目前学院教育体制是上大课，提倡的是集体教学，这其中有利有弊。学生们在学习期间，要面对各种各样不同的老师。一个老师如果能引导学生透过现象去看本质，那是学生的福气。每一个老师的艺术主张不一样，自身特点也不一样，虽然学生可以兼收并蓄，但有时也未必是件好事。杨飞云认为这个问题也应从两个方面来讲。每一个老师，都有他的强项，亦都有他的弱项，学生一般自然将眼光盯在老师的强项上。但看一个老师的弱项，学生不要从表面上去理解，如果留心看一下，许多艺术家风格的形成反倒是因为其弱的一面所致。因为有弱的一面映衬，强的一面才显得那样突出。但一个艺术家的强弱在他自身是和谐统一的。学生学习不可以不理解整体来学，因为在对方那里，强弱是一个有机的整体。

有的学生讲，我去学这个老师的造型，学那个老师的色彩，学另外一个老师的构成，这简直是不可能的。就像你永远也不可能把安格尔的造型、修拉的色彩、康定斯基的构成组合成一个画面样式一样，你要勉为其难的话，搞出来的也只会是一个怪物。因此，杨飞云反反复复地强调要从根源上去学习，就是要告诉学生要学规律而非某种样式。如果一个学生尊重自己的感受去吸收老师贴近艺术规律的长处，这样才会有所收获。

杨飞云这几年给一届又一届的研修生上课，学生们都是从全国各地来的。有些学生已经是各地院校的主力，都有自己的一套方法。这样的学生教的时候就比较费心，学生热情虽然很高，但有些人两年学习下来进步不大。有的学生基础差一点，由于学习态度很谦虚，反而在原有的基础上进步要明显一些。这说明了一旦抱着自己的那些东西不放、固步自封的时候，要想进步就很难了。

孔子那样高智慧的人还说“三人行，必有我师；择其善者而从之，其不善者而改之。”这里道出了一个谦虚、求真的心态。其实，在具象绘画的这条路上，不仅可以吸收印象派、现代艺术的一些要素，顺势推移，各门类的艺术精髓都是可以相互借鉴的。画画其实大可比之为一个庞大的系统工程，不要一天到晚只考虑自己画布上的这点事情，触觉可以伸得远一点，学习的范围亦可宽泛一些。理想上可以志存高远，但做起来一定一步一步踏实地进行。

这几年在教学中，杨飞云感到了一种来自社会思潮的影响力，人们的价值取向迷失，评判标准模糊。这样做可以，那样做似乎也可以。学生看似学习的路子广、方向多，却少有人能行在真理上。所以，关于标准的建立我个人觉得是十分重要的，你走什么样的路子不重要，但如果你要进步，你得找到进入你这条路子的标准。它不是泛泛的、不着边际的，而是有法有度、有章可循的。

“气韵生动，骨法用笔，应物象形，随类赋彩，经营位置，传移模写”。这是国画中被公认的最高法则之一的谢赫六法。杨飞云感觉，不管是东方绘画还是西方绘画，只要是画画似乎都是遵行此法。杨飞云觉得张璪讲“外师造化，中得心源”又给我们讲了一个审美的标准。而王国维在他的《人间词话》中讲道：“大家之作，其言情也，必沁人心脾；其写景也，必豁人耳目；其辞脱口而出，无矫揉妆束之态，以所见者真，所知者深也。”这似乎也可以作为我们的一个欣赏标准。标准似乎很多，其实不然，标准的外在形式不同甚至很多，而真理却只有一个。所谓的条条大路通罗马，你走哪一条路不重要，重要的是你的目的地是罗马。

杨飞云时常告诉学生，不要被某种效果迷惑，要去研究、理解支撑这种“效果”后面的规

风景 / 布面油画 / 45CM X 80CM / 2002 年

律。杨飞云回忆自己当学生时，在这上面也走过很多弯路。他告诉我，1978年进入中央美院读书之前，见的东西特别少，能扒着窗户偷看内蒙古师大美术系学生的习作，就很难得了。进校以后，一下子面对这么多心仪已久的老师，在图书馆还能看到那么多外国的画册，那种新鲜、兴奋的感觉自是不能言喻。上学期间又赶上“法国乡村绘画展”和“哈默藏画展”等很有质量的大型展览，一下子就被其中几位画家的好画迷住了，当时就想：“油画还能画成这样？”特别想尝试去摸索一下那种细腻、平实，严谨的画风，自己觉得我们所学的方法画不出来，可能是材料技巧不对，于是自己私下里做了好多实践。尝试用各种各样的油，各种方法和材料，包括坦培拉，也尝试平涂和罩染。做底子的时候用砂纸磨来磨去，打磨得很平，还尝试在木板和各种细棉布上去画，这样搞了好长时间，作了半天，画也不见有实质性的长进，因为作在表面上了，那结果也自然不言而喻。对于材料性能和所出现的效果有很多了解和认识，从表面上作文章，绘画能力不提高也是不会进步的。后来我有机会多次出国去参观博物馆，跳出这个圈子，对此也逐渐有了更多的认识。

对造型的理解、对色彩的研究、对构成的关注、对空间的认识是本质，没有这些操练不行。这样一种认识是我从实践得来的体会。我也给学生讲我的经历，再阐明我的观点，以免言之无物。

杨飞云常常劝学生们不要受利益驱使去做自己做不了的事，那样，你即便做了，也做不出水平。如果只把绘画作为实现自己欲念的工具，我劝这样的人大可不必在此浪费时间。因为艺术乃纯洁高尚的事业，想靠小聪明讨巧，不会有大出息。

在教学中还有一个很大的问题就是如何平衡训练和创作的关系。有两类画家，一类是把训练当做过程，将创作视为结果；另一类是将训练和创作视为一体，两者之间没有明确的界定。杨飞云更偏重于后者，他在平时的训练中比较注意去寻找打动自己的点，尽量去升华创作对象本身的美，从而使自己完成审美到创作的全过程。在训练中自觉地上升到审美与表现和单纯的分阶段训练，结果会很不同。

曾经，有一个学生请杨飞云看画。杨飞云和他交谈后得知他有一个独特的视角构思，感觉很有画意。但学生并没有就画面本身向杨飞云提问，而马上翻开一本洛佩斯的画册，又翻开一本巴尔蒂斯的画册，问杨飞云：“杨老师，我想这一部分用洛佩斯的效果画，那一部分用巴尔蒂斯的感觉画，行吗？”杨飞云就问他，你对洛佩斯和巴尔蒂斯这两位画家了解吗？他说：“知道一点儿，也就是看过几本他们的画册，觉得很喜欢。”杨飞云想看一看学生准备的素材和稿子，学生告诉杨飞云说他主要是觉得别人没有画过这种题材，觉得很有意思，就产生了画这么一幅画的想法，至于怎么能画好还真没想过。

家长 / 布面油画 / 116CM X 81CM / 2009 年

杨飞云告诉学生，即使把资料准备得再充分一些，你想在画中一部分用洛佩斯的效果，另一部分用巴尔蒂斯的效果也是不可能的。因为，你所看到的画面效果是画家长期积累自然形成的面貌，和其表达的内涵有直接关系，他们的画面承载了其一生在艺术上的追求，其风格是自然形成的，是本性的流露，也与其人生的态度，对理想的追求和自己的学养及绘画水平密不可分的。你和他没有同处一个时代，也不是一类的人，只从形式上去生搬硬套，自己可以设想一下出来的东西会是什么样子？学生听了杨飞云的话，茅塞顿开，不再坚持自己的想法了。

芃芃告诉我："杨飞云特喜欢同学生打成一片。干什么都要带上学生。他只要和学生在一起，感觉就特年轻，特能找到自我。"

现代艺术流派越来越多，艺术观念也越来越眼花缭乱，对具象写实油画的冲击也越来越大，这样自然就会给有些学生带来影响，甚至会让他们当中某些人心神不定。这时候杨飞云就会现身说法。芃芃对此颇有感触："他就愿意跟大家分享很多东西。他会以一个过来人的角度，告诉他

人像 / 布面油画 / 60CM X 91CM / 1986 年

的学生从事写实油画的喜怒哀乐，阐明自己对未来写实油画发展的看法。总是以心换心地替学生着想。但学生深思熟虑后做出的选择他也不会干涉。”

“读书百遍、其意自见”向来是中国传统教育的重要手段。儒家更讲求反复诵读，存养玩味，着实履行。南宋大思想家朱熹门人辅广曾归纳“朱子读书六法“，即循序渐进、熟读精思、虚心涵泳、切己体察、着紧用力、居敬持志。六法相辅相承，是一个有机整体，对学生读书有很强指导意义。杨飞云向来鼓励学生在打好基本功的基础上，走出独具特色的艺术之路。为什么杨飞云已成名的学生夏星、李贵君、石良、朱春林、常磊等人作品都独具风貌？同杨飞云在教学中一以贯之的原则不无关系。

在中央美院从学生到老师快30年了，人生最美好、最值得回味的岁月都是在那里度过的。而且我觉得那是大家一起进步的氛围，甚至包括我的老师们，他们大都年过古稀了，但他们‘活到老，学到老’，也在不断地进步。我现在主持中国油画院，也一直渴望有这样的氛围。

甘南臧女 / 布面油画 / 61CM X 46CM / 2007 年

秋日 / 布面油画 / 130CM X 97CM / 2011 年

新儒学开山鼻祖熊十力年少就无比自信，游学四方：“顿悟血气之躯非我也，只此心此理，方是真我。”1922年，熊十力被蔡元培聘为北大特约讲师。一到北大，他即打破“师生蚁聚一堂”之学院式教学方式，而采取古代师生朝夕相处，自由随和的书院式教学，力主道德与学问并重，生活与学习一致。这种书院式教学方式在北大开风气之先，培养出一大批知识精英。士子自学——师长讲解——学友讨论，是中国古代书院三种主要学习方法。而杨飞云教书育人的实践却恰恰暗合了这种方法。其实，他一直也没大张其鼓地说，中国油画院就是古代书院的翻版。但我个人发现它几乎和古代书院异曲同工。

中国古代书院最突出的特点是，学术研究与教育教学相结合。强调自学为主，提倡名师、名家亲自讲学，主张互相切磋，质疑辩论，个别辅导与集体讨论相结合。有教无类。程颢、程颐、司马光、范仲淹、韩维、李刚、朱熹、吕晦、王阳明等都是书院教育培养出的古代大思想家。书院教育是中国古代最重要、最有效的教学方式之一。而中国油画院给我的感觉就是颇有古代书院的意味。

无论是在燕郊的画室，还是在中国油画院，杨飞云采取的都是一种书院式的教学方式，跟现在通行的学院式教学方式还是有所区别。他好像把这些学生当自己的孩子一样，在一起生活，在一起画画，一起下乡写生，几乎形影不离。

也觉得他的确教书上瘾。杨飞云在美院教了多年的书，芃芃以为他从美院调到中国艺术研究院，可能就会把绝大部分精力放到创作上，没想到他依旧热衷于教学。芃芃就常跟杨飞云开玩笑："你当老师当得有情结了吧？"但杨飞云一直认为，在教学过程中，师生是互相促进的，很多学生碰到的问题，自己也一样会碰到。另外学生中还有一些很新鲜活的感知会刺激自己，激发自己。杨飞云感觉如果一个人闷在画室里闭门造车，那路子肯定会越走越窄。而同学生们在一起，则往往使他青春焕发。

我觉得现在很多年轻人缺少很好的学习机会或者发展方向不明确。很多年轻人有愿望又有才华，找不到好的地方让他们好好学习一下，挺可惜的。而自己是过来人，有这个责任把年轻人带一带。

杨飞云告诉我："盖这些房子、画室，让大家能够在院子里面一起创作，本来可以不搞教学，但是我认为，有一部分教学，非常重要。因为教学可以涉猎到所有学生的问题，我大致归纳了一下，大概有如下问题：第一就是油画的本体问题。即色彩、笔触、造型、趣味、及内在规律等问题。趣味体现的是个性的技法、个性的想法和个性美的追求。对于油画本体的探索至关重要，必须不断地深入。第二就是每一位学生使用油画的基本元素时，他选择什么？他发展方向是什么？需要每一位学生的长处和规律直接碰撞以后产生出来属于自己的新的风格。第三是艺术与传统、艺术与经典、艺术与人等共性的问题需要研究。更重要的是，学生是有朝气的，他会犯错误的，而且他又是进步很快，他的进步给你开悟，他犯错误也给你警示。第四是每一届学生，都是从全国各地来的，他们会带来社会上这一时期在绘画上存在的各种问题。这些问题带进来以后，你就必须面对。诸如关于时尚的问题、流行的潮流对传统艺术冲击的问题，如何看待潮流、风格的问题，看待继承与创新的问题，绘画的地域性与油画的本土化的问题。所以在教学上始终要动脑筋，要研究。所以我说，教学可以接触和涉猎到每一个方面的问题，因此你看中央美院的老先生们，他们一直到老不退化，他的学术思想，他的朝气，他面对的现状，就是美术界的现状问题，因为只有在学生给他反映的时候，才是最鲜活、最直接、最强烈的。"

"在创作上，我也想过，中央美院当时不是一个纯教学单位，它是个创作、教学两位一体的单位。就是学生一半时间在接受教育，一半时间在进行创作。而中央美院老师们除了教学，还不断地进行创作。老师之间、师生之间的交流非常活跃。你作品创作出来，你只有和社会和学术界交流，这时候你才能知道，你的程度怎么样？才能知道你学的东西，研究的东西和社会有什么关系？所以我想中国油画院将来也会不断进行交流、研讨和展览。"

杨飞云一直希望油画院也成为以创作为主体，教学为根基，交流为导向的综合性机构。

中国油画院的学术基点是继承前人积累下来的所有学术成就，并在这个基础上把油画事业进一步发扬光大。在当代的多元互补的文化格局中，正本清源，致力于对传统的继承、对自然的体验、对生命的感悟，追求纯正的艺术审美原则和价值标准。

这是杨飞云在2007年中国油画院成立典礼的致辞，当然更是他的心里话和行为准则。杨飞云是一个艺术家，又是一个艺术教育家，最早他成立自己的工作室，通过艺术教育来传播写实油画的艺术理念，直到2007年，中国油画院成立，更具里程碑意义。而身为院长的杨飞云更是反复强调油画院的一项重要职能就是艺术教育。

时至今日，中国油画发展了一百多年，将近五代人的努力，从人才到作品到学术体系，都有了非常丰富的积累。到了现在这个阶段，油画界需要这样一个平台，中国艺术研究院院长王文章审时度势，成立中国油画院。前一段时间我到苏州，认识了一些当地画家，他们跟我说，终于感觉好像中国油画从上面有了一个组织。

我也思考过，怎么给中国油画院定位？在中国美术家协会下边有中国油画学会，在各美术院校还有自己的油画系，各省市的画院也有画家进行油画创作。中国美协会组织油画展览，甚至文联或者其他部门都会组织展览，部队也组织自己的展览。那么中国油画院的特色到底在哪呢？

杨飞云认为，一是一定要区别于别的画院。画院其实是一个历史性的产物，在计划经济时代，没有自由经济，社会组织都是国家养的，所以就诞生了画院这样的组织，各级画院也培养了一批又一批的优秀画家。画院其实有点像过去的皇家美术院一样，养了一批御用画家，每个画家就自己创作，又有优越感，过着优裕的生活。如果我们照方抓药的话，好像中国又多了一家画院，所以我们操作和学术定位不能和画院一样。中国油画院要同画院有所区别，怎么区别呢？就是不求养。因为中国油画院要养一批画家，一下子不可能。再者调来一些画家，调得太快了，如果画家没有那么深的学术根基，那也会影响油画院的质量。如果全调一流的画家，人家都是一棵棵大树，都有各自的土壤，是挪不过来那么多的。所以我们总体原则是不求养，但求用。

什么是“但求用”呢？你想想西方的画家，不见得有单位和组织，只要大家志同道合，就可以在一起办展览，在一起搞学术研究。所以我想，在今天这个开放的时代，社会多元化发展，所以中国油画院的总体原则是求用不求养，能养就养，不能养的画家，我们觉得有必要就请来，所以需要请和用相结合。

一杯红酒 / 布面油画 / 185CM X 115CM / 2009 年

人像 / 布面油画 / 60CM X 91CM / 2008 年

所谓用呢？不是我们用人家，也不是人家利用这个平台用我们，而是我们找到真正有含量的、有水准、有艺术理想的一些学术课题进行共同探讨。大家有一个合拍认识以后，去推动，去做展览，做交流，做研讨。”

杨飞云谈起中国油画院颇为动情：“油画院其实刚刚起步，还是一个婴儿，所要做的事情，所面临的挑战会越来越多。而且，一个真正的好的学术机构的积淀需要多少代人的努力。”

杨飞云的学生、著名画家李贵君也是中国油画院的驻院画家。他谈起杨飞云和中国油画院时，自有一番深刻认识：“杨老师在文化建设上是挺有要求的 ·个人。中国油画体系是从上世纪三，四十年代开始，徐悲鸿等人开始建立起来的这么一个体系。后来整个新中国美术的发展，基

侧面 / 布面油画 / 83CM X 75CM / 1986 年

本上都是这个教学体系在起作用。这个体系不仅包括了美术教育，美术训练，更重要的是确立了对艺术的认知体系。而发展到今天，这个体系怎么与时俱进？怎么自我完善和发展？杨老师在这方面特别身体力行，一直为中国油画“本土化”而不遗余力。而且还担当中国油画院院长，承担更艰巨的使命。”

“画家其实有很多种，有些画家是陶醉于自己的艺术状态和艺术方式，而有些画家还是有一些使命感，就是在文化承担上面有一种使命，有担当，杨老师显然是这样一种画家。虽然每个人的特点、艺术风格不尽相同。但是又在一个总体的艺术根源上有共性。这样就成为一个强大的‘气场’，大家各自独立，又相互影响，取长补短。这样才能对中国油画“本土化”，对西方写实绘画的艺术核心价值有一个不断地探究和展现。”

第一次跟杨飞云打交道，都觉得他是一个即严谨又温和的人。但你跟他接触时间长了以后，发觉他其实极具幽默感。李贵君回忆，有一次杨老师带着学生去乡下写生，住在当地农村。有一天晚上大家一起去村头看了一场久违的露天电影，看完电影后大家在撒满星光的田野上漫步，这时大家谁都没想到，杨老师突然学起了内蒙农村老太太嬉笑怒骂，简直学得像极了，有些学生甚至被逗得流下了眼泪。这就说明杨老师非常注意观察生活，普通人生活的点点滴滴都被他摄入眼中，记在心里，最后就可能在画布上再现。

李贵君告诉我："杨老师是一个纯粹的画痴，我认识他这么多年，他每天都在画画。而现在，除了作为画家之外，又承载了中国油画院院长这么重要的责任，活得比原来辛苦多了。除了创作，他还要教学，还要承担繁重琐碎的行政事务，他又是全国人大代表，所以，这几年感觉他一直是超负荷工作。早上起来，一直工作到深夜一两点是家常便饭。杨老师是不能不动笔的人，我印象最深的是，前些年我们去香山画秋季写生，白天画了一天风景，晚上回来很多学生倒头就睡了，而杨老师还让没睡的同学给做模特，画头像，那精力和体力都特充沛，感觉只要是画画，他就特别玩命。"

生命祭 / 布面油画 / 173CM X 108CM / 2005年

十九岁 / 布面油画 / 100CM X 80CM / 1988 年

六、昨日江头春水生，艨艟巨舰一毛轻

题记：“半亩方塘一鉴开，天光云影共徘徊。问渠哪得清如许，为有源头活水来。”这是南宋大思想家朱熹《观书有感》中的第一首诗，也是他最声名遐迩的一首诗。而《观书有感》中的第二首诗，人们似乎就知之甚少了：“昨夜江边春水生，艨艟巨舰一毛轻。向来枉费推移力，此日中流自在行。”我对这首诗的感悟，还真不是在大江泛舟顺流而下得来的，而是在游泳中感悟来的。随着泳技的提高，真觉得自己是在水中自由地滑行，游着游着就总把自己想成艨艟巨舰了，心中默念朱子这首诗，总感觉自己身子越来越轻，也越游越快。“向来枉费推移力，此日中流自在行”那是一种多么美好的感觉呀，而“昨夜江边春水生，艨艟巨舰一毛轻”就更为奇妙了。惟愿我所写的画家杨飞云用画笔抒情时也有此同感。

最终写实油画承担的所有使命还是要落实在具体的艺术家那里。社会和艺术都要求作为艺术品创作主体的艺术家，作为一种纯粹履行精神活动的人，他所积淀的综合素质应该远出常人。

杨飞云是一个对画家综合素质非常看重的人。他认为，一个中国艺术家，应当要对中国古典文明有深刻而系统的认识，艺术家个人知识结构必须是开放包容不断发展的结构，而后以民族文化为基点酝酿升华为一种审美判断力，由这种类型的判断力转化而出的精神产品才有可能具有民族化的同时又具有高境界。那怎样才能达到这种高境界呢？杨飞云其实也没有给出什么偏方：那只有多读书、多思考、多实践。境界的提高绝不是一朝一夕的事情，而是数十年积累发生质变的结果。

文革的时候，正是杨飞云的中小学时代。他这一时期得到三本书，这三本书对他的一生影响深远。“一本书是伦勃朗的画册，是前苏联出版的，手工印刷，用亚麻布包的皮，精美至极。中央美院老院长吴作人先生写的中文序言。第二本书就是达芬奇的评传，也是苏联人写的，印得很粗糙，但是把整个文艺复兴的伟大和达芬奇一生的素描、油画都介绍得很详细。更难能可贵的是，书中还附有几张达芬奇主要作品的彩色插图。我这一辈子最喜欢的画家就是文艺复兴的达芬奇和十七世纪的伦勃朗。我幸运的是在很小的时候，就看到了他们作品的摸样，虽然只是画册，但已让我心仪不已。第三本书是俄罗斯画家列宾的画册。”

这三本书在杨飞云考上大学之前，一直带在他身边，不断地临摹。杨飞云还有一本徐悲鸿的素描，印得很好，也是吴作人先生写的序，也是他临摹的必备之书。儿时那几本画册杨飞云不知道拿钢笔、铅笔临摹了多少次。

关于伦勃朗的画册还有一个故事让杨飞云难以忘怀："文革的时候，难以借到好书。当时我在铁路客车车辆段当学徒工，有一个打成右派的长者，在那里打扫卫生。他看我干完活就在那里画速写，我们俩在一起有说不完的话。每天中午休息一小时，他就给我做模特。我们早早吃饭，大家去午睡的时候，我们在车间里，他一边抽着烟斗和我聊天，一边让我画他。我记得，给他画像，画得很深入，很结实，把素描纸都快抠烂了。他有一本伦勃朗的画册，就偷偷借给我。那时候这种书可是'封资修'，是'四旧'，要被发现私下里久留这种书可是天大的事情。但我拿到这本画册，激动地心都快蹦出来了，虽然也害怕被人发现，但还是一有空就偷偷临摹画册上的作品。所以后来再看到伦勃朗的原作的时候，年轻时的一幕一幕就会自然地映入眼帘。大师亲手一笔一笔画出来的原作，那上面不但是大师的笔触，而且还有大师的气息，内心深处的感觉真是翻江倒海，无法言表。"

杨飞云爱买书。他告诉我："早期文艺理论方面的书籍、艺术家传记、中外艺术理论书籍，还有早期的艺术哲学、艺术美学等各类书籍，只要有一点可取，就一定要买下。还有画册，古今中外，工笔画、写意画、文人画、壁画、油画、素描只要感觉好的，都会买回来，放在枕边案头，不时地琢磨。""每一次下乡，我都会背一些书去，这些书里头，一种是读的书，一种是看的书。这样偶尔沉浸在书香里，也能够使我远离现实生活。拿一个小马扎，坐在农家场院里，吹着微风，看自己喜爱的画册，读自己心爱的书，那感觉再惬意不过。"

"学习古人很重要的，要想在传统经典里面游走，画册无疑一天也离不开，读书一天也少不了。中外艺术其实都很重要的，虽然我不是国画家，但我感觉我从老祖宗那里吸收的养分太多了。怎么才能使油画本土化呢，一条重要途径就是从书本里向老祖宗学习。"

1989年，杨飞云在美国阅读了《苏格拉底传》、《佛陀传》、《耶稣传》、《孔子传》等四大圣贤的传记。东西方各两位先哲是对人类历史影响最大的四个人，对杨飞云的人生和艺术也产生了巨大影响。看完这些传记之后，杨飞云有了一些追问，也有了更深的仰慕。杨飞云感觉到美国的一年多非常痛苦，离开了固有的一种节奏，离开了单位，甚至离开了自己的国家，觉得一个文化人离开了自己的祖国，就像一个农民离开了自己的土地，茫然不知所措。

"虽然看着美国到处都那么美好，但觉得和自己没关系。那一段时期，虽然画了一些静物，风景和人物，但感情就是进不去，文化交流也没有。""在那段时间，我除了遍览美国各大博物馆，临摹名家名作之外，其余的时间几乎都用来读书和思考。艺术创作是一个比较个人化的行为，因此，艺术家在比较孤独的时候，就特容易深刻地反思。"

在唐人街上，杨飞云发现一家华人书店，在那里可以买到包括大陆、港台和世界各地出版的汉语书籍。那时，杨飞云本着开卷有益的原则，买了大量各类图书，在如饥似渴地阅读中，等待着回到祖国的那一天。

杨飞云认为，写实绘画中属于自然的部分可以不是审美的，亦可以负载沉重的社会意义，譬如委拉斯贵支笔下的侏儒与伦勃郎笔下的牛肉；但属于语言的部分必须是审美的。即一个艺术家必须以自己的方式精通绘画语言，否则绘画作为艺术的意义就无从存在了。譬如切斯恰可夫的作品就接近自然而言超过波提切利，但就艺术境界而言却难望波氏之项背。更深入地探究写实油画的美是杨飞云终生追求的目标。

在艺术的天平上，属于纯语言的部分还是要重于属自然的部分，因为自然的部分不通过绘画的“写”，用其他手段也可以达到，但纯语言的部分必须是“写”出来的，写实绘画里的“实”只有通过绘画的“写”才产生意义。当然，绘画里的自然与语言是一种逻辑概念上的演绎关系，在现实的艺术品中，两者是一体的。

从上世纪80年代初期到中期，杨飞云的研究重点主要是文艺复兴早期和15世纪16世纪北欧画家的作品风格。那个时候，杨飞云对造型更为敏感，对细节更加注重。但绝对不是对细节的死抠，而是着重表达内心世界的精神性，以期创造形神兼备和充满理想抒情意味的艺术形象。

中国油画的历史和现状，杨飞云其实认真梳理过。中国油画的发展在早期虽然不能机械地认为和某一种特定思潮有因果关系，但是它和时代的文化思潮的确发生着千丝万缕的关联。当时的西方艺术已经跨越了最激烈的后印象主义变革期，现代艺术得到了社会的广泛认可，与传统的古典油画主流比较已有取而代之之势。中国早期赴欧留学者中也因此而产生了分歧，他们中有推崇现代主义画风的艺术家如林风眠、刘海粟、卫天霖、吴大羽等，也有坚持站在古典写实主义立场上的艺术家如徐悲鸿、颜文良、吴作人等。二十世纪四十年代至八十年代的社会现实改变了中国油画的自然走向，写实风格逐渐被推向了首位。二十世纪八十年代的国门洞开带给了中国艺术家一个陌生的世界，西方世界由古典到现代的种种艺术样式和观念模式被全方位地引进。中国油画艺术进一步与政治分离，并打破了语言和主题的同一而呈现出了多元化的格局，写实油画从此成为风格格局中的重要一元，并形成了有现实文化意义的东方视点。

一度，东方视点和民族化问题成为理论热点。有人将民族化谬解为一种可应用的方法或风格。对此，杨飞云有自己的看法：就写实绘画而言，民族化其实就是东方精神与写实语言的融会。尽管材料和语言的产生是与特定的历史和民族相关联，但材料的自然属性是没有民族色彩的，而油画语言更加抽象一些，具有更大的可变性和可拓展性。材料和语言犹如一副躯壳，关键

白衣女子 / 布面油画 / 130CM X 120CM / 1986 年

是承载什么样的民族精神，地域视点和民族色彩则由此而产生。

从文化上说，东方视点不是一句口号或一种精神慰藉，它的建构需要实质性的内容，建构东方视点的第一原则就是民族特色，而后是开放和包容。以东方文化之精神为背景，艺术家的灵魂和情感必须浸透民族文化的精髓，必须接受世界和时代的精神营养，惟其这样，才能屹立于世界艺术之林。对此，杨飞云感怀至深。

当代写实主义的重建并非历史简单的轮回，关注自然和关注生命在每一个新的时代都会被艺术家重新诠释出全新的意义。对世界而言，中国的写实艺术家承载了西方古典绘画的语言传统，并使之接受了东方文明的洗礼。写实画派正是以东方的视点来审视生命和自然，赋予了写实主义绘画在原创地未有的全新的历史意义。

杨飞云告诉我，回望历史，我们会注意到这样一个现象：每当一种作为潮流的艺术风格沿袭到无路可走之时，艺术家就会开始重新自省，关注自然与生命，写实主义艺术就会再次蓬勃兴起，重新引领人的精神情感走向纯粹。在艺术流派多元并立的今天，写实主义艺术在世界范围内开始重建秩序，欧洲十余个国家成立了写实主义艺术家联盟，并在法国、德国等地巡回展览。这样的历史条件是中国写实画派出现的逻辑前提。中国写实画派的艺术虽非尽善尽美，但他们从崭新的角度重建了写实的信心，并以持之以恒的艺术实践来证明写实主义在理性、道德和审美方面的恒久价值，杨飞云对中国写实油画的发展充满信心。

东方遗韵 / 布面油画 / 161.5CM X 107CM / 2001 年

作品欣赏

红色的张力 / 布面油画 / 167CM X 130CM / 2002 年

夏 / 布面油画 / 57.2CM X 43.7CM / 1999 年

梳妆 / 布面油画 / 100CM X 80CM / 1999 年

纽约法拉盛 / 布面油画 / 61CM X 76CM / 2010 年

小学生 / 布面油画 / 60CM X 80CM / 2011 年

南美人在纽约 / 布面油画 / 75.5CM X 61CM / 2010 年

好人 / 布面油画 / 116CM X 81CM / 2008 年

小狗 / 布面油画 / 100CM X 80CM / 1999 年

青年 / 布面油画 / 120CM X 180CM / 2011 年

画家与模特 / 布面油画 / 185CM X 115CM / 2011 年

一筐野草 / 布面油画 / 91.5CM X 65CM / 2008 年

新式农衣 / 布面油画 / 116CM X 81CM / 2008年

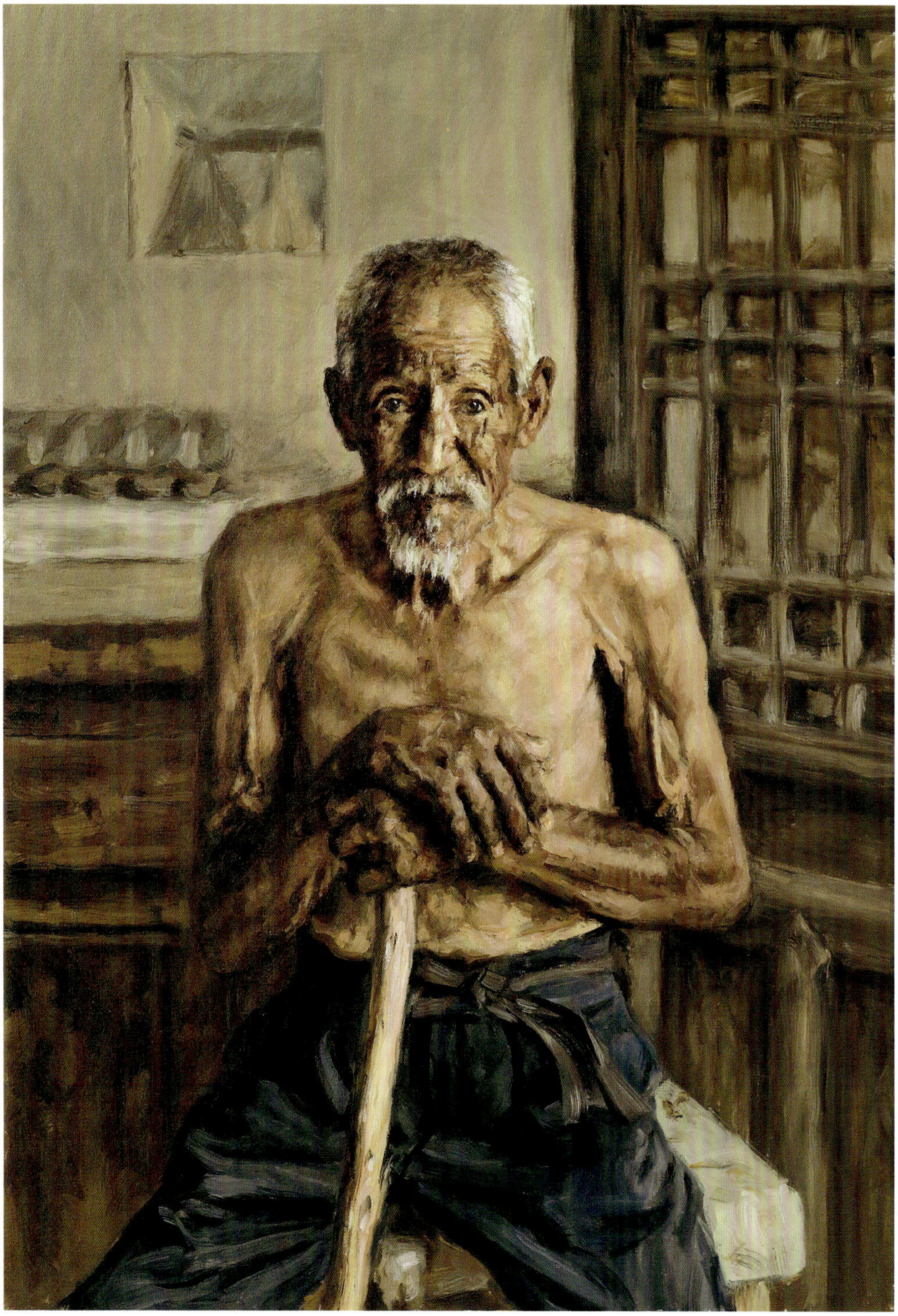

做得要正 看得要远 / 布面油画 / 116CM X 81CM / 2008 年

心中有数 / 布面油画 / 116CM X 89CM / 2008 年

心中有杆称　/　布面油画　/　116CM X 82CM　/　2008 年

陕北旱烟 / 布面油画 / 116CM X 81CM / 2008 年

少女孤独 / 布面油画 / 146CM X 97CM / 1985 年

学生 / 布面油画 / 61CM X 76CM / 2010 年

唐韵 / 布面油画 / 150CM X 80CM / 2011 年

红色好看 / 布面油画 / 100CM X 800CM / 2008 年

花季 / 布面油画 / 146CM X 97CM / 2002 年

师家沟青年 / 布面油画 / 130CM X 97CM / 2011 年

打开的书 / 布面油画 / 60CM X 80CM / 2010 年

墙上的风景 / 布面油画 / 60CM X 80CM / 2010 年

清澈的目光 / 布面油画 / 60CM X 80CM / 2010 年

老门 / 布面油画 / 60CM X 80CM / 2011 年

牧人 / 布面油画 / 160CM X 80CM / 2011 年

大娘 / 布面油画 / 60CM X 80CM / 2011 年

红色拖拉机 / 布面油画 / 130CM X 97CM / 2011 年

杨飞云艺术年表

基本情况：

1954年9月29日生于内蒙古包头市郊区。
1978年考入中央美术学院油画系，1982年毕业。
1982年在中央戏剧学院舞台美术系任教。
1984年调回中央美术学院油画系任教。
1989年赴美国、英国、意大利、法国考察、学习参展。
1991年回国后继续任教。1995年赴瑞典、荷兰、比利时参展考察。历任中央美术学院油画系讲师，油画系第一工作室副主任。现为中国艺术研究院中国油画院院长、教授、博士生导师、中国美术家协会理事、中国油画学会常务理事、北京油画学会副主席、第十一届全国人大代表。北京美术家协会副主席，全国美术家协会油画艺术委员会副主任。

作品获奖情况：

1981年中央美术学院学生作品获二等奖。
1985年中国美术馆“全国第三届青年美术作品展”《小演员》获铜牌奖。
1987作品《北方姑娘》获得第一届中国油画展优秀奖
1989作品《唤起记忆的歌》获七届全国美展银奖
2004年作品《纯洁》获十届全国美展优秀奖

论著情况：

1985年《我与古典主义绘画》一文发表于《中国美术》第一期
1996年《杨飞云》大型画集由澳门苏斋出版社出版
1997年《杨飞云素描画集》由台湾山美术馆出版
1999年《杨飞云素描集》（中国素描经典画库）由广西美术出版社出版
1999年《杨飞云油画人物》（名家精品）由四川美术出版社出版

2000年《当代名家油画精品》由朝华出版社出版
2000年《杨飞云油画艺术》（中国当代实力派油画精品丛书）由天津杨柳青画社出版
2001年《杨飞云画集》由台湾山艺术文教基金会出版
2001年《杨飞云写生风景画集》由天津美术出版社出版
2002年《杨飞云素描艺术（高校名家教学范画）》由天津杨柳青画社出版
2002年《“永恒瞬间”.美术教学新理念——油画肖像教学讲座》由河北美术出版社出版
2005年《神州寻源——油画写生作品精选》由天津杨柳青画社出版
2006年《古典写实语言——油画语言研究》由上海书画出版社出版
2005年《当代名家素描经典——杨飞云素描集》由河南美术出版社出版
2005年《中国名家人物油画精品选》由天津杨柳青画社出版
2007年《寻源问道（中国艺术研究院中国油画院杨飞云师生作品集）》由北京工艺美术出版社出版
2008年《寻源问道——中国艺术研究院中国油画院油画研究》由吉林美术出版社出版
2009年《画境.行旅——海峡两岸油画艺术联展》由长流美术馆出版
2009年《相约坊茨小镇——中国油画院师生作品邀请展》由长城美术出版社出版
2009年《当代中国与俄罗斯写实油画展》由青岛出版集团出版
2009年《首届“挖掘 发现——中国油画新人展”》由长城美术出版社出版
2010年《寻源问道中国油画院特邀艺术家联展 北京.鄂尔多斯》由长城美术出版社出版

主要业务成就：

1981年在中央美术学院学生作品展获二等奖。
1982年毕业于中央美术学院，同年在中央戏剧学院舞台美术系任教。
1985年参加中国美术馆“全国第三届青年美术作品展”，
1985年《小演员》获铜牌奖。
1985年《洞窟》参加日本“中华人民共和国现代名画作品展”
1986年《小姚》参加孟加拉“第三届亚洲艺术展”（中央美术学院美术馆收藏）。参加中国美术馆“国际艺苑”第一届油画展
1986年《侧面》参加中国美术馆“现代油画展”（中国美术馆收藏）。日本“中国现代美术家作品展”。应邀赴非洲吉布提为总统画肖像。赴法国巴黎进行艺术考察。
1987年参加桂林“当代著名中青年画家作品邀请展”。参加上海“全国第一届油画展”，《北方姑娘》获优等奖
1988年参加美国纽约“中国当代油画展”。参加中国美术馆“国际艺苑”第二届油画展。参加中国美术馆“人体艺术大展”。参加上海美术馆“人体艺术大展”巡展
1989年“第七届全国美展”《唤起记忆的歌》获银奖。《彝女》参加美国纽约“中国当代油画展”（GHN公司收藏）。被收入日本世界美术界名人大词典《美术年鉴》中
1989《杨飞云人体艺术油画》画册出版。应“GHK”公司邀请赴美国纽约参展。参加美国芝加哥“世界画廊邀请展”。参加新加坡“中国中央美术学院油画雕塑展”
1991年参加北京“三月画展”
1992参加中央美术学院“二十世纪中国”回顾展。参加香港“中央美术学院油画系教师作品展”
1993年参加中国美术馆“具象油画展”。参加俄罗斯中央美术学院油画作品联展。
1994年作品《静静的时光》被香港大学冯平山博物馆收藏。参加北京“94绘画研习作品展”。参加香港“线的力量——纽约、北京、香港中国艺术家现代素描展”
1995年作品《思古》、《灰色的背影》参加了在瑞典歌德堡美术馆举行的“当代中国艺术展”。

1996年澳门苏斋出版社出版《杨飞云》大型画集
1997年由台湾山美术馆出版《杨飞云素描画集》。《荷花屏风》《孤独少女》等作品被台湾山美术馆收藏
1998年应列宾美术学院邀请赴俄罗斯进行短期交流、学习、参观。《方式》、《同行》等6幅作品参加“中央美术学院油画系作品展”
1999年作品《多梦时节》参加“第九届全国美展”。作品参加青岛“国际美术邀请展”。
1999年《杨飞云素描集》（中国素描经典画库）由广西美术出版社出版。
1999年《杨飞云油画人物》（名家精品）由四川美术出版社出版。
1999年赴法国巴黎国际艺术城进行为期6个月的交流、研究、学习
2000年《杨飞云素描集》由河北教育出版社出版
作品《大植物》、《孤独少女》、《红靠椅》、《影》参加了在中国美术馆举力的“中央美术学院油画系教师双年展”
2000年作品《唤起记忆的歌》参加“二十世纪中国油画展”。11幅作品参加中央美术学院教师“纸上艺术作品全国巡展”
2000年《杨飞云素描集》由河北教育出版社出版。《当代名家油画精品》由朝花出版社出版。
2000年《杨飞云油画艺术》（中国当代实力派油画精品丛书）由天津杨柳青画社出版
2001年赴埃及、南非进行古文化考察、参观。在台湾山美术馆举办个人画展，并在高雄、台北巡展。
2001年台湾山艺术文教基金会出版《杨飞云画集》。
2001年天津美术出版社出版《杨飞云写生风景画集》
2001年《“永恒瞬间”美术教学新理念》、《油画肖像教学讲坐丛书杨飞云》，由河北美术出版社出版
2001年参加“世纪风骨”中国当代艺术50家大型展览，世纪坛展出，北京。油画《浴女》被香港“季普园”限量逼真印刷。油画《侧光》被上海刘海粟美术馆收藏
2002年领学生赴俄罗斯进行文化考察、写生。
2003年杨飞云大型个人展览在上海、四川、香港、南京、北京等地巡回展出。广西美术出版社出版《杨飞云》画集。作品《纯洁》获全国第三届油画展优秀奖，《古垣远望》香港大学美术博物馆收藏
2004年作品《纯洁》获十届全国美展优秀奖
2004年《当代专家艺术观——杨飞云创作篇教学篇》上下册论文画集由河北教育出版社出版
2004年油画《牧歌》素描《仰视》被上海美术馆收藏
2005年和陈逸飞、艾轩、王沂东等人共同成立“中国写实画派”
2005年10月15日，参加在雅昌艺术馆举办的“中国艺术市场年度高峰论坛”，并与艾轩、王沂东等共同发表对中国写实油画的谈话
2006年参加“中国写实画派年展”，中国美术馆，北京
2007年参加“美术创作院首届院展”，中国艺术研究院，北京
2007年参加“当代中国写实油画展”，保利艺术馆，北京
2008年举办“寻源问道—杨飞云师生作品展”，长流美术馆，台北
2008年参加“中国写实画派年展”，中国美术馆，北京
2008年发起举办“寻源问道——油画研究展”，中国美术馆，北京
主编的《寻源问道——中国艺术研究院中国油画院油画研究》由吉林美术出版社出版

李放

中国太白图书馆长，著名作家、藏书家、艺术评论家、电视节目策划人。《唯美至上－中国艺术家之最丛书》总策划、总撰稿。著有多卷本《唯美至上－中国艺术家之最丛书》、《进攻、进攻、再进攻－2006年世界杯永久珍藏版》、《都云画者痴，谁解其中味》、《画界无疆》、《土地、生命、阳光的印象》等书。其中《唯美至上－中国艺术家之最丛书》为目前国内最为畅销的艺术类图书之一。被誉为“大众版的中国美术史”。《进攻、进攻、再进攻－2006年世界杯永久珍藏版》是有史以来最伟大的“世界杯力作”，文采飞扬，让人爱不释手。作者拥有个人藏书数万册。广泛涉猎文学、艺术、收藏、社会学、哲学、军事学、体育等诸多领域，为我国最为博学多才青年学者之一。为中央电视台、中国国际广播电台、旅游卫视等各省、市卫视策划电视节目二百余部。在搜狐网、新浪网、雅昌网、《光明日报》、《北京青年报》、《中国商报》、《海峡时报》等报刊发表各类文章千余篇。